COLECCION BLANQUERNA

EL SENTIMIENTO ECOLOGICO EN LA GENERACION DEL 98

HELENE TZITSIKAS
Michigan State University

EL SENTIMIENTO ECOLOGICO EN LA GENERACION DEL 98

UNAMUNO - GANIVET - AZORIN VALLE INCLAN - BAROJA

HISPAM

© Helene Tzitsikas

Publicado por Borrás Ediciones, Barcelona, 1977
Edición propiedad de S.A.C.E.

ISBN: 84-7413-973-2
Depósito legal: B. 43.306-1977

Impreso en España por
Gráficas Universidad - Arquímides 3 -
San Adrián del Besós (Barcelona), 1977

Printed in Spain

Borrás Ediciones, Consejo de Ciento 391, Barcelona-9, 1977
Número 1555/76 del Registro de Empresas Editoriales

INTRODUCCION

En la década de 1970 se está sintiendo un cambio en el mundo de las ideas. Los pensamientos sobre liberalismo, racionalismo y ciencia se están revalorizando, al mismo tiempo que el hombre siente que su confianza para controlar el mundo va disminuyendo. La tecnología se ve como una aliada peligrosa del hombre y su progreso como una cosa sospechosa.

Mirando retrospectivamente, las ideas teocéntricas de la Edad Media se derrumbaron con la agresividad del Renacimiento y la mecanización que trajo la revolución científica. Nuestro mundo vivió por más de tres siglos bajo las influencias del racionalismo del filósofo francés René Descartes (1596-1650), que predicaba que todo conocimiento debía tener como base la razón, la experiencia y la observación. Sin embargo, el mundo del espíritu estaba más allá de esas medidas, era considerado como una cosa de fe e intuición. Así, todo lo espiritual fue dejado en manos de filósofos y religiosos, y lo físico se puso bajo la dominación de la ciencia del mundo occidental, en donde algunas veces el hombre era menos amo que la ciencia.

En la década del 70 estamos viendo el comienzo de la quiebra del materialismo y la duda de esa visión dualista de nuestro mundo. La razón principal de esta incertidumbre se encuentra en el interés que está provocando la ecología y la idea de que cualquier extinción de las especies implica una disminución de la vida total de nuestro planeta. Otra razón quizás está en los viajes a la luna y la nueva visión que ahora se tiene de ella, de la tierra y del universo.

También se podría agregar a todo esto el concepto de la "nueva conciencia" prevalente en la juventud del 60 y del 70, que recuerda el panteísmo romántico del siglo pasado. Sin embargo hay una diferencia entre este interés cosmológico y la visión hasta cierto modo confiada del romanticismo del siglo XIX. En el fondo de la nueva conciencia tenemos la percepción de que el hombre y su universo es mucho más complejo de lo que creíamos hasta hace poco, y pensamos que hasta cierto punto alguna parte de la totalidad del ser humano fue sacrificada por la sociedad. Sentimos igualmente que el optimismo hacia una vida mejor y progresista, basada en métodos y sistemas vigentes en la primera mitad de nuestro siglo, ahora se debilita.[1]

En general se puede decir que en estos momentos se están examinando alternativas en los diferentes campos del pensamiento humano, pero esto no quiere decir que estas alternativas sean nuevas. Estos pensamientos ya fueron considerados en épocas pasadas, y si analizamos la ideología de los principales autores de la generación española de 1898 veremos que ellos fueron precursores en sus conceptos sobre religión, educación, ciencia y el comportamiento del hombre en general.

---

[1] "Second thoughts about man", *Time*, N. Y., 2 abril de 1973, p. 78.

Mucho antes que la moda actual por la ecología, la generación literaria española de 1898 estaba interesada en cuestiones ecológicas. En un período de angustiosa revalorización, los miembros de este grupo estaban obsesionados por los problemas de su patria y trataban de explicarlos buscando sus causas. En los trabajos de Angel Ganivet, Miguel de Unamuno, Pío Baroja, Ramón del Valle-Inclan, José Martínez Ruiz (Azorín) y otros encontramos la visión de que el hombre es un producto de la cooperación entre el medio y la herencia orgánica.[2] La mayoría de estos autores usaron las relaciones entre el hombre y su ambiente para explicar la psicología y el comportamiento de los españoles, como también la historia cultural, social, económica y política de su país. Tenían un enfoque determinista[3] en su explicación de la civilización española y de la evolución biológica de acuerdo con el pensamiento preponderante en el siglo XIX.

Es nuestro propósito tomar algunos trabajos representativos de la generación de 1898 y mostrar la importancia de la ecología en los pensamientos de Unamuno, Ganivet, Azorín, Valle-Inclán y Baroja.

[2] Ernesto H. Haeckel (1834-1919), biólogo alemán, defensor del transformismo, señaló en 1866 que el individuo era un producto de la cooperación entre el ambiente y la herencia orgánica. Háeckel llamó a esta relación "ecología", palabra que deriva del griego y significa "casa", indicando de este modo el estudio de los organismos en su ambiente natural.

[3] Ver L. Rossignoli, *El Determinismo*, Barcelona, 1905.

NOTA PRELIMINAR

La naturaleza ha estado presente en la literatura española desde los tiempos más remotos, como se puede ver en *Razón de amor*,[1] el poema lírico castellano más antiguo que se conserva, de principios del siglo XIII, pero su tratamiento es más bien decorativo y pastoral puesto que en esos tiempos se incluía a la naturaleza como una formalidad necesaria en los escritos líricos, bucólicos y alegóricos.[2]

Por otra parte Alejandro von Humboldt en *Kosmos* (Sttugart und Tübingen, I.G. Cotta, 1847) II, p. 57 y siguientes, considera que Cristóbal Colón fue el primero en describir la naturaleza americana en su "Diario de viaje".

Desde otro punto de vista, Luis de León utilizó la naturaleza convencionalmente como estimulante espiritual y físico, dotado de valores simbólicos, como por ejemplo en *Los nombres*

[1] Texto y estudio de Menéndez Pidal, en *Revue Hispanique*, t. XIII, pp. 608-618.
[2] Ver Victor de Laprade, *Histoire du sentiment de la nature: Prolégomènes*, Paris, Didier et Cie. 1882, p. 122. Brunetière también divide los temas líricos en amor, naturaleza y muerte.

11

de Cristo (Biblioteca de autores españoles, XXVII, p. 69, p. 88, y otras) en donde usa la naturaleza a la manera de los humanistas italianos.[3]

Finalmente en el siglo XIX la naturaleza pasa a ser objeto de observación directa en la literatura española, como se puede ver en la novela de Enrique Gil, *Señor de Bembibre* (1844). Es significativo notar también que A. de Beruete y Moret en su *Historia de la pintura española en el siglo XIX* (Madrid, Ruiz hermanos, 1926) p. 67, señala que el año 1844 es también el año en que se reconoce el dibujo del paisaje como una área especial de la instrucción del arte en España.

Siguiendo la orientación realista, Fernán Caballero rejuvenece la novela. Sin embargo hay que señalar que si bien observa muchas sensaciones que produce el paisaje, interpone constantemente su sentimentalidad y sus reflexiones moralistas. En cambio Palacio Valdés se hace notar por su naturalidad y el realismo en la pintura de fondo, como por ejemplo los paisajes marítimos de *José* (1885). Bajo la influencia del naturalismo, Pardo Bazán en *La Madre Naturaleza* (1887) hace que la descripción física soporte el desarrollo psicológico, pero cuando está libre de su determinismo logra describir magníficos paisajes. En el caso de Pereda, tenemos a un novelista que ve en los aspectos sublimes de la naturaleza la creación de Dios. Pero será Blasco Ibáñez el que más ricamente describirá la naturaleza en sus diferentes manifestaciones, llegando en algunos casos hasta la exageración. En general se puede decir que gracias a las ciencias experimentales la novela del siglo

[3] Este caso se puede comparar con la visión campestre que se encuentra en el diálogo *Hieronymi Francastorii veronensis, Opera omnia,* Venetiis, apud Iuntas, 1555, p. 153.

XIX es más objetiva en su tratamiento de la naturaleza, pero no llega a una imparcialidad absoluta. Es decir que en la interpretación del paisaje parece que actúa una doble corriente: una personal y transitoria basada en las emociones del individuo y otra impersonal y perdurable cimentada en el medio físico. La frase de Enrique Federico Amiel de que "un paysage quelconque est un état d'âme" (*Fragments d'un journal intime*, I, 31 octubre, 1852) no carece de verdad.

La generación de 1898 tampoco es imparcial en sus juicios sobre la naturaleza y el paisaje, y no escapa a la influencia de su época.[4] El positivismo,[5] junto con el determinismo, se refleja en sus pensamientos. Las influencias de científicos, filósofos, historiadores y críticos, tanto franceses como ingleses, contribuyen al interés de la generación de 1898 por interpretar la naturaleza española en su paisaje.

[4] Rosa Seeleman, "The treatment of landscape in the novelists of the Generation of 1898", en *Hispanic Review*, Filadelfia, IV (1936), Núm. 3, pp. 226-238.
[5] Ver Hipólito Taine, *Idealismo y positivismo inglés*, traducción por Héctor del Valle, Madrid, Ediciones Atlas, 1944; D. G. Charlton, *Positivist Thought in France, 1852-1870; S. J. Kahn, Science and Aesthetic Judgment: a Study of Taine's Critical Method.* Consultar también a Ernest Von Aster, *Introducción a la filosofía contemporánea*, Madrid, Guadarrama, 1961.

13

UNAMUNO
EN TORNO AL CASTICISMO

El pensamiento que parece prevalecer en la generación de 1898 es fundamentalmente determinista. En forma simple, consideran que en una civilización localizada dentro de una configuración geográfica determinada todo lo que pasa en ella tiene que tener una causa o causas, y no puede ocurrir de otra manera, al menos que algo en la causa o causas haya sido diferente. Hay así una íntima relación e interdependencia en todo lo político, religioso y artístico. Otra influencia notable es la del naturalista y fisiólogo inglés Carlos Roberto Darwin (1809-1882), autor de la teoría de la evolución de las especies que desarrolla en su obra: *Del origen de las especies por medio de la selección natural* (Londres, 1859). Siguiendo esta corriente de ideas, piensan en la necesidad de adaptarse a las demandas del ambiente físico para sobrevivir y prosperar. Así, aplican estos conceptos para señalar el carácter que se impuso a la nación, a lo largo de los siglos, y que fue debido a su propia configuración geográfica y ambiental. Su propósito es despertar la conciencia española, hacer que reconozca su propia peculiaridad, su carácter y una vez reconocido desarrollar su verdadera potencialidad.

El positivismo filosófico[1] comienza a entrar en España en la década de 1870, según lo indica M. Méndez Bejarano, en su *Historia de la filosofía en España*, pp. 491-96. Es una época en que se traducen las obras de H. Spencer[2] y hay un gran interés por Darwin en la medicina y la filosofía, como se puede ver en el libro de T. Carreras Artau, *Médicos filósofos españoles del siglo XIX*, p. 22 y ss. Y si bien en España predominaron en un principio las ideas de Comte, el cientificismo de Stuart Mill y Spencer y las ideas y descubrimientos de Darwin se imponen en la formación del positivismo filosófico español.

Miguel de Unamuno llega a Madrid en 1880 como estudiante universitario. El ambiente positivista ya hemos visto que está formado y el contagio no se hará esperar. Sin embargo no podemos decir con exactitud cuando Unamuno comenzó a leer las obras más conocidas de Stuart Mill, Spencer, Darwin, T.H. Huxley y otros. La verdad es que el mismo Unamuno confiesa haber sido en su mocedad "algo así como un spenceriano."[3] Pero el entusiasmo por el positivismo spenceriano fue temporario. En realidad Unamuno buscaba en la ciencia "algo detrás de ella" puesto que considera que "ni el arte ni la ciencia tienen un fin en sí mismos: lo verdaderamente autoteológico es la vida, cuyo fin es la mayor y más intensa y

[1] El positivismo es un sistema filosófico iniciado por el francés Augusto Comte (1798-1857), cuyo nombre deriva de su "Curso de filosofía positiva." Según Comte el conocimiento tiene tres etapas: teología, metafísica y positiva; ésta es la real y verdadera por basarse en la observación y datos comprobables. La corriente positivista inglesa está representada por Stuart Mill y Spencer.

[2] Herbert Spencer (1820-1903), filósofo inglés, fundador de la filosofía evolucionista.

[3] Ver Pedro Laín Entralgo, *La generación del noventa y ocho*.

completa vida posible."[4] No obstante, el período spenceriano contribuyó a la formación de su concepto de la "intrahistoria". Laín Entralgo, en *La generación del noventa y ocho*, p. 151, dice que "El tercer momento que condiciona la disociación unamuniana entre el ámbito de los sucesos históricos y el de los hechos intrahistóricos es, sin duda, el prestigio del "hecho" —como concepto y como mera palabra— en la mente de todos los hombres posteriores al positivismo, aunque sean rudamente antipositivistas. Confiesa Unamuno haber sido en su mocedad "algo así como un spenceriano." Es muy propio de todos los hombres de su época —Nietzchem Bergson, tal vez el mismo Dilthey— haber atravesado una etapa juvenil de cientificismo más o menos matemático o biológico. Pues bien, de ese período "spenceriano" debió quedar en el alma de Unamuno la veneración mítica por el "hecho" social y el desprecio por el "suceso" histórico. No había advertido Unamuno lo que después hemos visto con toda claridad: que los "hechos intrahistóricos" son también, indudablemente, "sucesos."[5]

Emile Martel en su tesis "Libros y lecturas franceses de Miguel de Unamuno" (Universidad de Salamanca, 1964), p. 501, dice que antes de 1891 la biblioteca bilbaína de Unamuno tenía entre otros libros los de Spencer y Taine,[6] el filósofo e historiador determinista francés. Vemos pues que Unamuno

---

[4] Miguel Romera-Navarro, *Miguel de Unamuno. Novelista. Poeta. Ensayista*, Soc. Gen. Española de Librería, 1928, p. 263.
[5] P. Laín Entralgo, *Ob. cit.*, p. 151.
[6] Hipólito Taine (1828-1893), el filósofo, crítico e historiador determinista francés, que intento aplicar el método de las ciencias naturales a las producciones más diversas del espíritu humano: (*Histoire de la litterature anglaise*, 1858; *Philosophie de l'art*, 1865; *Les origines de la France contemporaine*, 1871-1894.)

no podía escapar de las influencias de su época ni de esa angustiosa búsqueda por la fe, característica de muchos intelectuales de su tiempo. La inquietud metafísica de Carlyle, de Ruskin, de Tennyson, de Browning, también se había alimentado en el positivismo.

En lo referente al determinismo sabemos que no ofrece un ancho campo de acción al escritor y al artista, y fácilmente sus generalizaciones van del individuo a la sociedad y de ella a la nación. Sin embargo, un escritor no refleja simplemente su época, selecciona sus elementos y los interpreta, y dentro de los límites impuestos en su material trata de justificar sus propios prejuicios y preocupaciones con datos que le proporcionen la realidad del mundo que le rodea. Y aunque esas preocupaciones y prejuicios sean característicos de la época en que está viviendo, no dejan por eso de ser suyos. Dentro de este marco ideológico podemos decir que una influencia fundamental en Unamuno, Ganivet y Azorín fue la de Hipólito Taine, y su concepción de que el medio, la raza y el momento determinan el ámbito de la vida humana. Gracias a Taine y a su método pudieron interpretar la naturaleza y las producciones del espíritu con esa nota peculiar que los distingue dentro de la literatura española. Unamuno conocía los trabajos de Taine cuando escribió los cinco ensayos de *En torno al casticismo*.

Ramiro de Maeztu es uno de los primeros en notar que Unamuno usa los métodos de Taine, en su crítica de *En torno al casticismo*, en *La Lectura*, Madrid, 1903, III febrero, pp. 282-286, lo señala:

"Unamuno, no obstante su galofobia, sigue en este respecto los buenos métodos de Taine. Somos productos de la Tierra;

adheridos a su costra como imperceptibles animálculos, sus movimientos nos arrastran. La Tierra hace a sus hijos enérgicos o muelles, laboriosos u holgazanes, sobrios o voluptuosos, pacíficos o aguerridos: luego los hombres la transforman; pero la Tierra es anterior y en ella hay que buscar el origen de lo castizo. El castellano se explica en Castilla.

Las páginas en que Unamuno describe las estepas centrales, fuera de algunos párrafos, son dignas del mismo Taine. Bajo un clima extremo y sobre un suelo estéril, el paisaje se presenta recortado, sin ambiente, en un aire sutil y más bien nos aleja de la tierra, envolviéndonos en el cielo desnudo y uniforme. La casta que habita semejante tierra es de complexión seca, dura y sarmentosa, curtida al sol y al frío, seleccionada por los crudos inviernos y las hambres periódicas. Su inteligencia, al fin espejo del paisaje, es también refractaria a los matices. La Naturaleza, o se le presenta como poder que agobia, o desaparece a sus ojos sin término de transición. Su espíritu muestra o crudo realismo, en el que ningún nimbo imaginativo envuelve los objetos, o se debate entre conceptos intelectivos, cerrando los ojos a la realidad. Las sequías y las inundaciones le han hecho fatalista o libre arbitrista, ya cobarde ante el porvenir , y ruín y avaro, ya lleno de confianza y pródigo como el Gran Capitán o Hernán Cortés.

Por otra parte, la falta de comunión panteística entre el hombre y la Naturaleza obliga al primero a afirmar más recientemente la individualidad. En esta tierra de climas extremos y de perfiles recortados las voluntades se encabritan, hasta oponerse las unas a las otras en individualismo irreductible."

Sin embargo, la crónica literaria que publica Eduardo Gómez de Baquero en *La España Moderna,* Madrid, 1903, CLXXI, marzo, pp. 145-151, indica que Unamuno sigue el método de Buckle. En realidad Gómez de Baquero no estaba mal encaminado al confundir al inglés Buckle con Taine, puesto que

Enrique Tomás Buckle (1821-1862), el autor de la *Historia de la civilización en Inglaterra,* influenció a Taine, como lo indica Luis Rodríguez Aranda en su "Prólogo" a la *Introducción a la Historia de la Literatura Inglesa,* Aguilar, 1963, p. 12.

Marcel Bataillon señala también la influencia de Taine al traducir al francés los cinco ensayos de *En torno al casticismo,* y que tituló *L'essence de l'Espagne,* publicado en París por Plon-Nourrit et Cie. en 1923. En el "Préface du traducteur." p. V, dice:

> "La maîtrise d'Unamuno s'affirme dans la sûreté avec laquelle il dégage l'essentiel. Il nous transporte en Castille,
>
> Castille, qui fit l'Espagne
>
> et c'est dans ce cadre qu'il interroge les deux grandes productions de l'esprit castillan, son théâtre et sa mystique. Voilà pourquoi les trois essais centraux de ce livre constituent une véritable Introduction à l'Espagne.
> Peut-être reprochera-t-on à sa vision un excès de système, un trop grand souci d'unité et de concordances. N'en soyons pas surpris. C'est de Taine que se nourrissait Unamuno dans le temps où il écrivit ces essais, dont l'inspiration déconcertera, en France, plus d'un lecteur du *Sentiment tragique de la vie.*"

Años después, Manuel García Blanco se refiere a la correspondencia entre Unamuno y Marcel Bataillon en su artículo "Escritores franceses amigos de Unamuno," publicado en *Bulletin Hispanique,* Bordeaux, 1959, LXI, pp. 82-103. Señala especialmente que cuando en 1922 el investigador francés preparaba la traducción al francés de *En torno al casticismo,* le escribe al autor pidiéndole que le aclare algunas du-

22

das y don Miguel al contestarle confirma la influencia de Taine y la de Spencer:

"Era una época en que atravesaba yo por un agnosticismo rígido, no sin algo de desesperación. Me duraba el influjo de Spencer y del positivismo. Pero lo que sin duda influyó más en algunas páginas de esos ensayos fue Taine. Toda aquella descripción de Castilla, paisaje, etc., responde a las de Taine de los Países Bajos, etc. Leía yo a Taine mucho por entonces. Y a Carlyle. Por cierto que después he visto ese mismo procedimiento aplicado con más fuerza en Oliveira Martins. Cierto, ciertísimo —le confiesa a su traductor— que el Pachico Zabalbide de *Paz en la guerra* es un autorretrato. En esta misma novela histórica —o mejor historia novelesca— hay influencia de Taine. No sabe usted bien el efecto que me hizo *Les origines de la France contemporaine*. Sólo después he comprendido su endeblez íntima. Pero como arte es excelente, aunque libresco. Hasta en el paisaje." (pp. 97-98)

Los cinco ensayos de *En torno al casticismo* habían sido publicados por primera vez en la revista *La España Moderna* de Madrid en sus números 74 al 78 de su año VII, correspondientes a los meses febrero, marzo, abril, mayo y junio de 1895. Finalmente en 1902 fueron reunidos en un volumen con un prólogo y publicados en Barcelona por la Biblioteca moderna de Ciencias Sociales, vol. IV. Más tarde Unamuno los incorporó a la edición de sus *Ensayos* (1916-18), en siete volúmenes, prescindiendo del prólogo de 1902.

En el prólogo de 1902 dice que desde que había publicado sus ensayos en 1895 muchos estudios se habían hecho sobre la psicología del pueblo español. Así, aparecieron posteriormente el *Idearium español* de Angel Ganivet, *El problema nacional* de Macías Picavea, la mayoría de las investigaciones

23

de Joaquín Costa, *La moral de la derrota* de Luis Morote, *El alma castellana* de Martínez Ruiz, *Hampa* de Rafael Salillas, *Hacia otra España* de Ramiro de Maeztu, *Psicología del pueblo español* de Rafael Altamira, y entre los trabajos extranjeros *The Spanish people* de Martín Hume y *Romances of Roguery* de Frank Waldleigh Chandler.

Unamuno al señalar estos trabajos considera que si hubieran aparecido los suyos posteriormente a ellos estarían modificados. Especialmente menciona que el *Idearium español* de Ganivet fue el que más ideas le ha sugerido en torno al casticismo castellano. Observaciones basadas en esas obras posteriores le hacen comentar sobre ciertos temas asociados con la psicología y con la tierra española, como la envidia, la pobreza de la tierra, el espíritu ganadero más que agricultor, el deseo de gloria, la "idea de una propia superioridad de gracia y no de mérito, de nacimiento y no de adquisición." Unamuno reconoce que el primer ensayo "La tradición eterna" tiene algo de "totum revolutum," y que exageró su negación a la ciencia de todo carácter nacional, pero insiste en "lo de la ñoñez y ramplonería de nuestra literatura:"

> "Da grima oír lo que de la gramática dicen todos los gramaticaleros caza-gazapos. Entran ganas de gritarles: ¡Al cuerno con vuestra corrección y vuestro aliño! Porque es cosa vista, parece que los escritores correctos, aliñados, y bien hablados están cerrados a cal y canto a toda idea opulenta y rebosante vida; no dicen más que memadas de sentido común. Se rompe el cascabullo de sus bien ajustadas frases y resultan éstas, como muchas avellanas, hueras."[7] (t.I. p. 779)

---

[7] Para los trabajos de Unamuno utilizaremos las *Obras Completas de Miguel de Unamuno*, edición definitiva, Madrid, Editorial Escelier, 1966, y las referencias a sus páginas se darán directamente señalando el tomo y el número correspondiente.

24

Sin embargo, al comentar sobre la intrahistoria, señala que el idioma castellano está en su mayor parte enterrado en el habla campesina y en la terminología especial de los diferentes oficios. Finalmente, al referirse al carlismo, Unamuno termina su prólogo diciendo que en España los ánimos todavía no se han serenado para poder escribir sin prejuicios históricos.

I. "LA TRADICION ETERNA"

Frente a los problemas y el estado mental de su patria, Unamuno trata de provocar ideas nuevas en sus lectores. Sin embargo nos previene de la necesidad de seguir serenamente sus reflexiones y el procedimiento rítmico de sus contradicciones. Asi, con una actitud científica y filológica, Unamuno considera que la palabra castizo, que deriva de casta, tiene un prejuicio antiguo de puridad. Piensa que esto no es necesariamente signo de vigor y de fecundidad, puesto que en las ciencias biológicas se ha probado que en el cruzamiento de razas se encuentra un nuevo rigor y progreso.

Al considerar el uso del calificativo "castizo para designar a la lengua y al estilo," Unamuno se basa en el biologismo positivista; cree que el casticismo del lenguaje y del estilo es un reflejo de una mentalidad castiza.

Seguidamente, Unamuno examina las dos corrientes de pensamiento que prevalecen en la España de su tiempo. Una en donde se oyen quejas amargas contra toda influencia extraña al casticismo y otra que aplaude la entrada de todo lo extranjero. Pero el autor cree que los pensamientos extremos nos

ayudan a la situación nacional, especialmente la idea de que
la influencia extranjera es un atentado contra la individualidad:

> "Es una idea arraigada y satánica, sí, satánica, la de creer que
> la subordinación ahoga la individualidad, que hay que
> resistirse a aquélla o perder ésta." (t. I, p. 786)

Y piensa que cerrar las puertas a toda influencia extranjera es
enquistar a la patria.

Al reflexionar sobre el pedido de algunos de ciencia y arte
españoles, considera que la ciencia es algo vivo, que se está
formando constantemente, pero que está unificada por un lenguaje común, racional y científico. Claro que cada hombre y
cada pueblo tiene su propia individualidad y es justamente esto lo que les hace preferir cierta rama o método, pero esto no
significa que exista una ciencia nacional. Unamuno cree que
la ciencia no tiene nacionalidad, aunque no se presente nunca
pura. Esta contradicción se debe, según el autor, a que hay
siempre algo pre-científico que le da un tinte de "materia"
nacional. Observa que un conocimiento se hace más científico
a medida que "se hace más preciso y organizado." Es decir, a
medida que pasa de la precisión cualitativa a la cuantitativa.
Pero esto no significa que la ciencia sea una cosa sin vida:
"Todo tiene entrañas, todo tiene un adentro, incluso la ciencia."

Sin embargo, el arte está más cerca de la vida que la ciencia.
Así hay música francesa, italiana o alemana. Y para señalar la
fuerza y vigor que trae la introducción de una influencia extranjera en lo nacional, considera que la invasión de los
bárbaros fue el comienzo de la regeneración de la cultura
europea. Tomando un ejemplo de las ciencias médicas ilustra

27

su pensamiento diciendo que "El barbarismo produce pronto una fiebre, como la vacuna, pero evita la viruela." (t. I, p. 791).

Continuando con el tema del arte, si bien admite que existe un arte nacional, cree que hay un arte clásico, eterno y universal:

> "El arte por fuerza ha de ser más castizo que la ciencia; pero hay un arte eterno y universal, un arte clásico, un arte sobrio en color local y temporal, un arte que sobrevivirá al olvido de los costumbristas todos. Es un arte que toma el ahora y el aquí como puntos de apoyo, cual Anteo la tierra para recobrar a su contacto fuerzas; es un arte que intensifica lo general con la sobriedad y vida de lo individual, que hace que el verbo se haga carne entre nosotros." (t. I, p. 791).

Cervantes pertenece a ese arte eterno, y Unamuno piensa que el final de *Don Quijote,* con la regeneración de Alonso Quijano el "Bueno," debe servir de guía a España para su regeneración nacional.

Volviendo al tema central del casticismo y a los problemas de España, Unamuno señala que mientras no se forme en la nación un concepto vivo y fecundo de la tradición, el casticismo no adelantará. El autor explica el significado de tradición, y recordando que viene de "tradere," equivalente a "entrega," lo que pasa de uno a otro, señala que lo que pasa queda, "porque hay algo que sirve de sustento al perpetuo flujo de las cosas" (t.I, p. 792). Así, mientras van pasando sistemas, escuelas y teorías, va quedando un sedimento que forma la esencia de las verdades eternas. Existe por lo tanto una tradición eterna y universal de la ciencia y del arte.

28

Reflexionando sobre esto, cree que además de la tradición eterna existe una tradición del pasado y una tradición del presente. La tradición viene a ser el sedimento y la sustancia de la Historia, y ese sedimiento de la Historia es lo intrahistórico, lo inconsciente en la Historia:

"Todo lo que cuentan a diario los periódicos, la historia toda del "presente momento histórico", no es sino la superficie del mar, una superficie que se hiela y cristaliza en los libros y registros, y una vez cristalizada así, una capa dura, no mayor con respecto a la vida intra-histórica que esta pobre corteza en que vivimos con relación al inmenso foco ardiente que lleva dentro. Los periódicos nada dicen de la vida silenciosa de los millones de hombres sin historia que a todas horas del día y en todos los países del globo se levantan a una orden del sol y van a sus campos a proseguir la oscura y silenciosa labor cotidiana y eterna, esa labor que, como la de madréporas suboceánicas, echa las bases sobre que se alzan los islotes de la Historia. Sobre el silencio augusto, decía, se apoya y vive el sonido; sobre la inmensa Humanidad silenciosa se levantan los que meten bulla en la Historia. Esa vida intra-histórica, silenciosa y continua como el fondo mismo del mar, es la sustancia del progreso, la verdadera tradición, la tradición eterna, no la tradición mentida que se suele ir a buscar al pasado enterrado en libros y papeles y monumentos y piedras." (t. I, p. 793).

No son, pues, los grandes acontecimientos históricos los que unifican la historia de España, sino los millones de seres que siguen haciendo siempre lo mismo que antes. La tradición eterna hay que buscarla en el presente vivo y no en el pasado muerto, dice Unamuno. Considera por lo tanto que la tradición eterna "es el fondo del ser del hombre mismo," es lo verdaderamente humano que hay en él, y para encontrarlo hay que estudiarse, hacer examen de conciencia y llegar a la verdad del verdadero ser:

"Volviendo a sí, haciendo examen de conciencia, estudiándo-
se y buscando en su historia la raíz de los males que sufren,
se purifican de sí mismos, se anegan en la Humanidad eterna.
Por el examen de su conciencia histórica penetran en su in-
tra-historia y se hallan de veras." (t. I, p. 798)

Para nosotros, uno de los elementos más interesantes del ensayo "La tradición eterna" es la introducción del concepto de
la intrahistoria. Ya hemos mencionado que Pedro Laín Entralgo señala la influencia de Spencer en la concepción de este
elemento fundamental en el pensamiento unamuniano. Desde
nuestro punto de vista creemos que Unamuno se inspiró e influenció principalmente por Hipólito Taine. El autor francés
en la "Introducción" para la *Historia de la literatura inglesa* (1864) sienta las bases de sus ideas positivas para su interpretación de la filosofía de la historia. Así, considera que tres
fuerzas diferentes contribuyen a producir ciertas disposiciones
innatas y hereditarias en el hombre, y que varían según los
pueblos: la raza, el medio y el momento. En un segmento de
la sección dedicada a la raza dice:

"El hombre obligado a ponerse de acuerdo con las circunstancias, adquiere un temperamento y un carácter que corresponde a éstas, y su carácter como su temperamento son
adquisiciones tanto más que estables cuanto la impresión exterior se haya grabado en él por repeticiones más numerosas
y se haya transmitido a su progenie por una herencia más antigua. De forma que, en todo momento, puede considerarse el
carácter de un pueblo como el resumen de todas sus acciones
y de todas sus sensaciones precedentes: es decir, como una
cantidad y como un peso, no infinito, puesto que toda cosa
en la Naturaleza es limitada, pero sí desproporcionada al
resto y casi imposible de levantar, ya que cada minuto de un
pasado casi infinito ha contribuido a sobrecargarlo, y ya que
para mover esta balanza habría que acumular en el otro plati-
llo un número de acciones y de sensaciones aún mayor. Tal es

la primera y la más rica fuente de estas facultades rectoras de donde las otras fuentes, durante una multitud de siglos, han seguida se ve que, si es potente, lo es por no ser una simple fuente, sino una especie de lago y como un profundo depósito donde las otras fuentes, durante una multitud de siglos, han venido a verter sus propias aguas." (*Introducción a la historia de la literatura inglesa*, Madrid, Aguilar, 3ra. ed., 1963, pp. 44-5)

En otra obra, la *Filosofía del arte* (1865), *Taine* considera nuevamente el mismo tema, y al hablar del carácter de un pueblo a lo largo de diferentes etapas históricas señala que:

"Un pueblo, en el curso de su larga vida atraviesa por varias renovaciones semejantes, y, sin embargo, sigue siendo el mismo, no solamente debido a la continuidad de las generaciones que le componen, sino también debido a la persistencia del carácter, que es su base. En eso consiste la capa primitiva; por debajo de los potentes cimientos que se llevan los períodos históricos, se hunde y se extiende un cimiento mucho más poderoso, que los períodos históricos respetan. Consideremos ahora los grandes pueblos desde su aparición hasta la época presente; siempre encontraremos en ellos un grupo de instintos y de aptitudes sobre los que han pasado las revoluciones, las decadencias y la civilización sin hacer mella. esas aptitudes y esos instintos están en la sangre y se transmiten por ella; es preciso, para alterarlos, una alteración en la sangre, es decir, una invasión, una conquista permanente y, por tanto, cruce de razas, o por lo menos un cambio de ambiente físico, es decir, una emigración y la lenta influencia de un nuevo clima; en suma, una transformación del temperamento y de la estructura corporal." (*Filosofía del arte*, Madrid, Aguilar, 1957, p. 603)

Como sabemos, está comprobada la familiaridad de Unamuno para con las obras de Hipólito Taine, y la aplicación que hace el autor francés de sus teorías positivas en la civilización, historia y filosofía del arte en general. En conclusión podemos decir entonces que las ideas de Hipólito Taine inspiraron e influenciaron a Unamuno a formar su concepto de la intrahistoria.

II. "LA CASTA-HISTORICA CASTILLA"

Ramiro de Maeztu al considerar la publicación de *En torno al casticismo* señaló que Unamuno es "uno de esos hombres que piensan en voz alta y escriben cuanto piensan. Sólo que todo lo pensado no es digno de publicidad." En realidad todos los escritores, antes de enfocar con claridad y profundidad su tema, pasan generalmente por un período de tanteos que quedan en la mente. No ocurre así con Unamuno, que lo publica todo, lo que está borroso y lo que percibe al final con claridad y justeza. El presente ensayo no es una excepción. Pero podemos decir que su procedimiento es muy parecido a lo que hace con la *Vida de Don Quijote y Sancho* (1905), en donde se apropia de *Don Quijote,* lo hace suyo y descarta a Cervantes. Aquí, Unamuno se apropia de las ideas y métodos de Hipólito Taine, los hace suyos, les imprime su personalidad, su emoción, su lirismo y su patriotismo, y descarta al autor francés.

Este segundo ensayo comienza con la idea final de "La tradición eterna:" "Para llegar, lo mismo un pueblo que un hombre, a conocerse, tiene que estudiar de un modo o de otro su historia." Piensa que solamente de esa manera podemos llegar

33

al carácter popular íntimo, es decir, a su intrahistoria. Unamuno cree, como Taine, que la lengua es el receptáculo en
donde quedan, como un sedimento, todas las experiencias y
pensamientos de un pueblo. Y da como ejemplo la romaniza-
ción de España por medio del castellano, "en el que pensamos y con el que pensamos," que "es un romance del latín,
casi puro". Es decir que piensan con los conceptos que engendró el pueblo romano, y en cierto modo deben hacer consciente lo que llegó a ser en la lengua inconsciente.

Taine en *La filosofía del arte* se basa en las Ciencias Naturales para exponer conceptos similares en forma más me-
tódica:

> "...los caracteres más estables son, tanto en Historia como en
> Historia Natural, los más elementales, los más íntimos y los
> más generales. En el individuo psicológico, como en el in-
> dividuo orgánico, hay que distinguir los caracteres primitivos
> y los caracteres ulteriores, los elementos que son primordiales
> y su disposición, que es derivada. Ahora bien, un carácter es
> elemental cuando es común a todas las etapas de la inte-
> ligencia: tal es la aptitud para pensar mediante imá-
> genes bruscas o mediante largas filas de ideas fielmente
> encadenadas; no es propia de algunas etapas particulares de la
> inteligencia; establece su ascendiente sobre todas las provin-
> cias del pensamiento humano, y ejerce su acción sobre todas
> las producciones del espíritu humano; no bien el hombre em-
> pieza a razonar, imaginar y hablar, se hace presente y domi-
> nante; le empuja en un determinado sentido, le cierra ciertas
> salidas. Lo mismo ocurre con los demás caracteres. Así,
> cuanto más elemental es un carácter, de mayor alcance será
> su ascendiente.

> Pero cuanto mayor alcance tenga su ascendiente, tanto más
> estable será. Son las situaciones ya muy generales y, por tanto,
> las disposiciones no menos generales, las que determinan los

períodos históricos y su tipo imperante: el plebeyo extraviado e insatisfecho de nuestro siglo, el señor cortesano y hombre de salón de la época clásica, el barón solitario e independiente de la Edad Media. Son los caracteres mucho más íntimos, y relacionados todos con el temperamento físico, los que constituyen los genios nacionales: en España, la necesidad de sensaciones ásperas y punzantes y la explosión terrible de la imaginación exaltada y reconcentrada: en Francia, la necesidad de ideas precisas y afines y la marcha desenvuelta de la ágil razón. Son las disposiciones más elementales, la lengua con gramática o sin ella, la frase capaz o incapez de período, el pensamiento, tan pronto reducido a una seca anotación algebraica, tan pronto flexible, poético y matizado, o bien apasionado, áspero y de violenta explosión, lo que constituye las razas: el chino, el ario y el semita. Aquí, como en la Historia Natural, es preciso observar el embrión del espíritu naciente y desentrañar los rasgos distintivos del espíritu desarrollado y completo; los caracteres de las épocas primitivas son los más significativos de todos; según la estructura de la lengua y la clase de los mitos, se entrevé la forma futura de la religión, de la filosofía, de la sociedad y del arte..." (*Filosofía del arte,* Aguilar, 1975, pp. 608-10)

Aplicando el método de Taine, Unamuno señala que del latín nació en España más de un romance, pero de todos ellos el castellano se implantó como lengua nacional, y va en camino a ser la lengua del pueblo español que se forma sobre el núcleo castellano. Sin embargo, Castilla al unificar la nación se españoliza con la riqueza de su contenido interior. Pero la españolización de España no está terminada, piensa Unamuno, mientras no se terminen los "casticismos engañosos" tanto en la lengua, como en el pensamiento y en la cultura en general. Siguiendo las ideas de Taine, dice que es necesario buscar lo que la lengua y la literatura castiza nos pueden decir del espíritu castellano.

Unamuno pasa revista a las causas que provocaron el predominio de Castilla en la Península Ibérica, pero observa que de la masa, "del fondo continuo del pueblo llano," de lo que tenían en común todos los pueblos, nacieron las fuerzas que dieron por resultado las individualidades nacionales. Castilla era el centro natural de la Península, tanto desde el punto de vista comercial como de las comunicaciones de todos los pueblos. La política de Castilla se determinó por la obra de la Reconquista, el descubrimiento de América y la ocupación del trono de Castilla por un emperador de Alemania. Unamuno dice que con el predominio de Castilla los demás pueblos adoptaron sus ideas políticas: "Castilla, sea como fuere, se puso a la cabeza de la monarquía española, y dio tono y espíritu a toda ella; lo castellano es, en fin de cuenta, lo castizo. El caso fue que Castilla paralizó los centros reguladores de los demás pueblos españoles, inhibióles la conciencia histórica en gran parte, les echó en ella su idea, la idea del unitarismo conquistador, de la catolización del mundo. Y esta idea se desarrolló y siguió su trayectoria, castellanizándolos." (t.I, p. 805).

Unamuno piensa que los elementos extraños o extranjeros en el reino de Carlos I dieron vigor a España. Y después de "la vigorosa acción" vino el vigor intelectual que se reflejó en la literatura. Cree que el modelo de casticismo y la intrahistoria deben buscarse en esa literatura: "En ella sigue viviendo ideas hoy moribundas, mientras en el fondo intra-histórico del pueblo español viven las fuerzas que encarnaron en aquellas ideas y que pueden encarnar en otras... Lo que hace la continuidad de un pueblo no es tanto la tradición histórica de una literatura cuanto la tradición intrahistórica de una lengua; aun rota aquélla, vuelve a renacer, merced a ésta. Toda serie discontinua persiste y se mantiene merced a un proceso continuo, de que arranca; ésta es una forma más de la verdad de que el tiempo es forma de la eternidad" (t. I, p. 806).

Unamuno señala que la literatura clásica castiza nace con la decadencia de la Casa de Austria, y con ecos calderonianos dice que España se da cuenta de que todo parece un sueño, "de que la vida es sueño." y "piensa reportarse, por si despierta un día." Don Miguel entrelaza esta idea con el último capítulo de *Don Quijote* de Cervantes, y ve en la figura de Alonso Quijano, el Bueno, la esencia de los héroes de Calderón, y piensa que ellos son los que mejor reflejan la manifestación histórica del pueblo español. Cree que la literatura castiza clásica contiene la esencia española verdadera:

"La idea castellana, que de encarnar en la acción pasó a revelarse en el verbo literario, engendró nuestra literatura castiza clásica, decimos. Castiza y clásica, con fondo histórico y fondo intra-histórico, el uno temporal y pasajero, eterno y permanente el otro." (t. I, p. 807)

Y por lo tanto considera que se debe examinar el casticismo castellano, lo que se llama castizo en España.

Comienza para eso con el espíritu de Castilla en su paisaje, influenciado por el pensamiento de Taine en general, que dice en *La filosofía del arte*, Aguilar, p. 421, que "Un pueblo recibe siempre el sello de la región que habita; pero este sello es tanto más fuerte cuanto más inculto y más primitivo es el pueblo en el momento en que se establece... cuando el hombre, nuevo y desarmado, se encuentra entregado a la Naturaleza, le da forma, le moldea, y la arcilla moral, del todo suave y flexible todavía, se pliega y se petrifica bajo la presión física, contra la cual no le proporciona el pasado ningún apoyo..."

El procedimiento que utiliza Unamuno para describir la tierra castellana es similar al de Taine en *La Filosofía del arte*. Empieza con la geografía, la topografía, las condiciones climáticas y termales, y termina con la visión e interpretación que el hombre da al panorama. Así nos presenta objetivamente las características topográficas y climáticas de la meseta castellana:

"Por cualquier costa que se penetre en la Península española empieza el terreno a mostrarse al poco trecho accidentado; se entra luego en el intrincamiento de valles, gargantas, hoces y encañadas, y se llega, por fin, subiendo más o menos, a la meseta central, cruzada por peladas sierras, que forman las grandes cuencas de sus grandes ríos. En esta meseta se extiende Castilla, el país de los castillos.

Como todas las grandes masas de tierra, se calienta e irradia su calor antes que el mar y las costas que éste refresca y templa, más pronta en recibirlo y en emitirlo más pronta. De aquí resulta un extremado calor cuando el sol tuesta, un frío extremado en cuanto la abandona; unos días veraniegos y ardientes, seguidos de noches frescas en que tragan con deleite los pulmones la brisa terral; noches invernales heladas en cuanto cae el sol brillante y frío, que en su breve carrera diurna no logra templar el día. Los inviernos largos y duros y los estíos breves y ardorosos han dado ocasión al dicho de "nueve meses de invierno y tres de infierno." En la otoñada, sin embargo, se halla respiro en un ambiente sereno y plácido. Deteniendo los vientos marinos, coadyuvan las sierras a enfriar el invierno y a enardecer el verano; mas si bien impiden el paso a las nubes mansas y bajas, no lo cierran a los violentos ciclones, que descargan en sus cuencas, viéndose así grandes sequías seguidas de aguaceros torrenciales.

En este clima extremado por ambos extremos, donde tan violentamente se pasa del calor al frío y de la sequía al aguachado, ha inventado el hombre en la capa, que le aísla del ambiente, una atmósfera personal regularmente constante en medio de las oscilaciones exteriores, defensa contra el frío y contra el calor a la vez.

Los grandes aguaceros y nevadas, descargando en sus sierras y precipitándose desde ellas por los empinados ríos, han ido desollando, siglo tras siglo, el terreno de la meseta, y las sequías que les siguen han impedido que una vegetación fresca y potente retenga en su maraña la tierra mollar del acarreo. Así es que se ofrecen a la vista campos ardientes, escuetos y dilatados, sin fronda y sin arroyos; campos en que una lluvia torrencial de luz dibuja sombras espesas en deslumbrantes claros, ahogando los matices intermedios. El paisaje se presenta recortado, perfilado, sin ambiente casi, en un aire transparente y sutil." (t. I. pp. 807-8)

Pero la originalidad de Unamuno se ve inmediatamente. El reflejo de su espíritu está siempre presente dando vida al paisaje. Autor y paisaje se funden en un estado de ánimo común. Y no es en las grandes extensiones de terreno en donde el autor se detiene para dar alma al paisaje, son los rincones, la orilla de un río, algunos pocos árboles, los que muestran la grandeza de la soledad, la profundidad de la vida. Es más bien un paisaje ideal más que real el que nos muestra:

"Recórrense a las veces leguas y más leguas desiertas, sin divisar apenas más que la llanura inacabable, donde verdea el trigo o amarillea el rastrojo, alguna procesión monótona y grave de pardas encinas, de verde severo y perenne, que pasan lentamente espaciadas, o de tristes pinos que levantan sus cabezas uniformes. De cuando en cuando, a la orilla de algún pobre regato medio seco o de un río claro, unos pocos álamos, que en la soledad infinita adquieren vida intensa y profunda." (t. I. p. 808)

Unamuno humaniza el paisaje: la sierra, las rocas son cosas vivas, bellas, dentro de su sobria apariencia. Su desnudez se matiza artísticamente con el "cardo rudo y la retama desnuda y olorosa." Así este paisaje castellano, seco, sobrio, ofrece una sensación de soledad: .

"De ordinario, anuncian estos álamos al hombre; hay por allí algún pueblo, tendido en la llanura al sol, tostado por éste y curtido por el hielo, de adobes muy a menudo, dibujando en el azul del cielo la silueta de su campanario. En el fondo se ve muchas veces el espinazo de la sierra, y al acercarse a ella, no montañas redondas en forma de borona, verdes y frescas, cuajadas de arbolado, donde salpiquen al vencido helecho la flor amarilla de la argoma y la roja del brezo. Son estribaciones de huecosas y descarnadas peñas erizadas de riscos, colinas recortadas que ponen al desnudo las capas del terreno resquebrajado de sed, cubiertas cuando más de pobres hierbas, donde sólo levantan cabeza el cardo rudo y la retama desnuda y olorosa, la "ginestra contenta deis deserti," que cantó Leopardi. En la llanura se pierde la carretera entre el festón de árboles, en las tierras pardas, que al recibir al sol, que baja a acostarse en ellas, se encienden de un rubor vigoroso y caliente." (t. I, pp. 808-9)

Para Unamuno el paisaje es hermoso dentro de su solemne soledad, y en un arranque lírico nos expresa el dramatismo de ese paisaje:

"¡Qué hermosura la de una puesta del sol en estas solemnes soledades! Se hincha al tocar el horizonte, como si quisiera gozar de más tierra, y se hunde dejando polvo de oro en el cielo y en la tierra sangre de luz. Va luego blanqueando la bóveda infinita, se oscurece deprisa, y cae encima, tras fugitivo crepúsculo, una noche profunda, en que tiritan las estrellas. No son los atardeceres dulces, lánguidos y largos del septentrión." (t. I, p. 809)

Como se puede ver, hay cierto matiz trágico y subjetivo de

angustia metafísica. No es una descripción objetiva la que nos ofrece, sino más bien la de su propia alma reflejada en el paisaje.

El paisaje unamuniano es plástico, con dimensiones claras y definidas, como cuando dice:

> "¡Ancha es Castilla! ¡Y qué hermosa la tristeza reposada de ese mar petrificado y lleno de cielo! Es un paisaje uniforme y monótono en sus contrastes de luz y sombra, en sus tintas disociadas y pobres en matices. Las tierras se presentan como en inmensa plancha de mosaico de pobrísima variedad, sobre que se extiende el azul intensísimo del cielo. Faltan suaves transiciones, ni hay otra continuidad armónica que de la llanura inmensa y el azul compacto que la cubre e ilumina." (t. I, 809)

Como Hipólito Taine, Unamuno no nos da solamente una visión del paisaje, trata de explicar las consecuencias de esa topografía, de ese clima, de ese cielo.

Este paisaje seco, severo, duro, enérgico, en donde predomina el color pardo, bajo un cielo luminoso, en donde el hombre no encuentra términos medios, en donde se pasa de un extremo a otro, sin comunión con la Naturaleza, el hombre siente su pequeñez, la sequedad del alma y la necesidad de su espíritu de llegar hasta Dios:

> "No despierta este paisaje sentimientos voluptuosos de alegría de vivir, ni sugiere sensaciones de comodidad y holgura concupiscible; no es un campo verde y graso en que dan ganas de revolcarse, ni hay repliegues de tierra que llamen como un nido. No evoca su contemplación al animal que duerme en nosotros todos, y que medio despierto de su modorra se regodea en el dejo de satisfacciones y de apetitos

amasados con su carne desde los albores de su vida, a la presencia de frondosos campos de vegetación opulenta. No es una naturaleza que recree el espíritu.

Nos desase más bien del pobre suelo, envolviéndose en el cielo puro, desnudo y uniforme. No hay aquí comunión con la Naturaleza, ni nos absorbe ésta en sus espléndidas exuberancias; es, si cabe decirlo, más que panteístico, un paisaje monoteístico este campo infinito en que, sin perderse, se achica el hombre, y en que siente en medio de la sequía de los campos sequedades del alma. El mismo profundo estado de ánimo que este paisaje, me produce aquel canto en que el alma atormentada de Leopardi nos presenta al pastor errante que, en las estepas asiáticas, interroga a la luna por su destino... "Sólo Dios es Dios, la vida es sueño y que el sol no se ponga en mis dominios," se recuerda contemplando estas llanuras." (t. I. pp. 809-10)

Más adelante, Unamuno describe la dureza de la vida en la meseta castellana, en donde la sequedad del suelo se refleja en la gravedad de sus habitantes. Así pinta las poblaciones castellanas con mano hábil y profundo sentimiento: "El caserío de los pueblos es compacto y recortadamente demarcado, sin que vaya perdiéndose y difuminándose en la llanura con casas aisladas que le rodean, sin matices de población intermedia, como si las viviendas se apretaran en derredor de la iglesia para prestarse calor y defenderse del rigor de la Naturaleza, como si las familias buscaran una segunda capa, en cuyo ambiente aislarse de la crueldad del clima y la tristeza del paisaje." (t. I, 810).

Penetra luego en las casas, y busca la intrahistoria, el fondo eterno de la casta, y pinta su aspecto, su psicología, la sobriedad de su comportamiento. Así nos dice: "Allí dentro vive una casta de complexión seca, dura y sarmentosa, tostada por el sol y curtida por el frío, una casta de hombres sobrios, producto de una larga selección por las heladas de crudísimos inviernos y una serie de penurias periódicas, hechos a la inclemencia del cielo y a la pobreza de la vida. El labriego que al pasar montado en su mula y arrebujado en su capa os dio gravemente los buenos días, os recibirá sin grandes cortesías, con continente sobrio. Es calmoso en sus movimientos, en su conversación pausado y grave y con una flema que le hace parecer a un rey destronado." (t. I, 811).

Pero no es todo seriedad, el castellano es también socarrón. Y Unamuno busca ejemplos de este humorismo grave y reposado en las obras de Cervantes y Quevedo. Pero para mostrar el carácter silencioso y taciturno nos señala a Pero Vermuez del *Romanz de myo Cid*.

Sin embargo, el castellano es tan tenaz como lento, y sus impresiones son lentas y tenaces. Necesita así bastante tiempo para captar una idea, pero una vez que la agarra la retiene hasta que otra la expulse. Es como si las recortase como las luces y sombras de su tierra, uniformes y monótonas.

Estas mismas características se reflejan en su comida sencilla, sobria y fuerte, sin otro condimento que picantes, que son como las impresiones recortadas para su paladar.

Su baile es también uniforme, lento, como el son monótono del tamboril, de la pandereta, o el son chillón de la dulzaina, que se clava en el oído como acústicas punzadas. Igualmente monótonos son sus cantos, propios de la estepa, que recuerdan el ritmo del trabajo con el arado. No hay aquí matices intermedios, semitonos o cadencias.

En lo referente a las obras de arte como manifestación de algún carácter esencial o importante de un pueblo o región, Unamuno sigue las ideas de Taine, tal como las expone en *La filosofía del arte,* Aguilar, p. 61: "La obra de arte tiene como fin el manifestar algún carácter esencial o destacado y, de consiguiente, alguna idea importante, expresándola de una manera más clara y completa que lo hacen los objetos reales." Así explica Unamuno la austeridad de las obras de Ribera, Zurbarán y Velázquez:

> "Tal vez topéis con algún lienzo de Ribera o de Zurbarán, en que os salte a los ojos un austero anacoreta de huesosa complexión, en que se dibujan los músculos tendinosos en claros vivos sobre sombras fuertes, un lienzo de gran pobreza de tintas y matices, en que los objetos aparecen recortados. Con frecuencia las figuras no forman un todo con el fondo, que es mero accesorio de decoración pobre. Velázquez, el más castizo de los pintores castellanos, era un pintor de hombres, y de hombres enteros, de una pieza, rudos y decididos, de hombres que llenan todo el cuadro.
>
> No encontraréis paisajistas, ni el sentimiento del matiz, de la suave transición, ni la unidad de un ambiente que lo envuelva todo y de todo haga armónica unidad. Brota aquí ésta de la colocación y disposición más o menos arquitectónica de las partes: muchas veces las figuras son pocas.
>
> A esa rigidez, dura, recortada, lenta y tenaz, llaman naturalidad; todo lo demás tiénenlo por artificio pegadizo o poco menos." (t. I, p. 812-3)

Al final de la sección que dedicamos a "La tradición eterna," habíamos dicho que Taine había señalado que un pueblo, a lo largo de su vida, pasa por varias renovaciones y, sin embargo, no cambia su personalidad, y esto es debido no solamente a la continuidad de las generaciones que lo forman, sino a la persistencia del carácter que es su base, y que es como una capa primitiva, que las etapas de diferentes períodos históricos siempre respetan. Unamuno también observa estos mismos elementos. Considera que la casta viva está en Castilla, y que solamente las apariencias han cambiado algo: "Estos hombres tienen un alma viva, y en ella el alma de sus antepasados, adormecida tal vez, soterrada bajo capas sobrepuestas, pero viva siempre..." (t. I, p. 813).

Teniendo en cuenta todo el panorama castellano, Unamuno va a tratar de buscar las pruebas que demuestren que ese clima de extremos, severo y duro, y ese paisaje uniforme y monótono en sus contrastes, produce el espíritu "también cortante y seco, pobre en nimbos de ideas," que engendra a la par un realismo tosco y un idealismo seco, que se pueden asociar pero no fundir en uno. Considerando toda la literatura de la edad de oro, piensa que el teatro de Calderón es el que mejor refleja el casticismo castellano, o sea los caracteres del pueblo.

Como vemos en este ensayo, Unamuno se atiende a las ideas y métodos de Hipólito Taine, pero la nota original y personal es su interpretación del paisaje, en donde se une a la naturaleza, y la descubre, y la interpreta de acuerdo con sus emociones y sentimientos. Unamuno se posesiona del paisaje, como lo hace con todo, y con Taine como guía explora el reflejo que Castilla produce en su alma.

III. "EL ESPIRITU CASTELLANO"

En este ensayo, Unamuno trata la psicología del pueblo español; como el mismo menciona en el prólogo de *En torno al casticismo,* muchos libros se publicaron sobre la psicología de los españoles desde que él publicó los cinco ensayos en 1895. Sin embargo, según menciona Rafael Altamira en la *Psicología del pueblo español,* Barcelona, Ed. Minerva, S. A., p. 9, los primeros ensayos sistemáticos que se conocen de la psicología del pueblo español se remontan al siglo XVIII. Altamira cree que Francisco Maesdeu (1744-1827), en su *Historia de España y de la cultura española,* escribió el ensayo más completo sobre la materia. Pero hubo otros trabajos. Uno de los primeros, en observaciones con respecto al carácter español, pero sin enlace ni sistema, fue Juan Ginés de Sepúlveda en el diálogo "Democrates alter," que data de 1550 y fue sacado de su condición de inédito por Marcelino Menéndez y Pelayo en el *Boletín de la Real Academia de la Historia,* tomo XXI, cuad. IV, octubre de 1892, pp. 307-309 (traducción española del "Demócrates").

En 1609, Quevedo escribía su *España defendida,* y fuera de algunas observaciones sueltas en otros capítulos, presentaba en el V, "De las costumbres con que nació España, y de las antiguas," las características de los españoles, principalmente las morales y de inteligencia, que en realidad constituyen un ensayo de psicología española, como se puede constatar en el *Boletín de la Real Academia de la Historia*, tomo LXVIII y LXIX.

Por su parte, Menéndez y Pelayo, en la *Ciencia española*, considera la obra del doctor Esteban Pujasol (*Anatomía de ingenios*, Barcelona, 1637), que por sus tendencias frenológicas y fisiognómicas se enlaza con el trabajo de Luis Fernández, "Phisiognomía," fechado en 1602, y cuyo manuscrito tenía Menéndez y Pelayo.

Otros antecedentes se encuentran en el *Teatro crítico* de Feijóo, tales son "Mapa intelectual y cotejo de naciones", "Glorias de España," "Cartas eruditas," "Si en la prenda del ingenio exceden unas naciones a otras," "Causas del atraso que se padece en España en orden a las ciencias naturales" y "Sobre el adelantamiento de las ciencias en España". En esa época, el padre Feijóo decía en su *Teatro crítico* que "En el mismo clima vivimos, de las mismas influencias gozamos que nuestros antepasados. Luego cuanto es de parte de la naturaleza, la misma índole, igual habilidad, iguales fuerzas hay en nosotros que en ellos..." (Discurso XIII). Feijóo sostenía también que elementos sociológicos e ideales pueden desaparecer con el cambio de residencia.

Con referencia al mismo tema, Altamira dice en su *Psicología del pueblo español*, pp. 90-91, que en esa época se discutía con mucho entusiasmo y hasta con furor en Europa la influencia del clima y la superioridad o inferioridad de ingenio (o sea de aptitudes y resultados para la civilización) entre los

diferentes países. Pero ambas cuestiones estaban ligadas entre
sí por una tercera, que consideraba si el clima tenía o no influencia esencial en las facultades intelectuales, "in potentia."
Claro que esto tampoco era nuevo, se remonta, por lo menos,
al siglo XIV, y fue discutido ampliamente por Abenjaldún,
según lo establece Altamira en *Cuestiones modernas de Historia*. Otro antecedente sobre esta materia es Paolo Cortese,
que en su libro *Cardinalatu*, publicado alrededor de 1510,
presentó la teoría "de las varias cualidades de los pueblos según las regiones." Allí señalaba que "los septentrionales, a
causa del mucho frío, son obtusos (hebetiores), y los africa-
nos también, por demasiado calor; los mejores de todos son
los que se hallan en un punto medio, como los italianos."
Cortese, al aplicar esta teoría a los españoles, consideraba que
tenían algo del carácter africano, por lo cual son: "ambicio-
sos, blandos, curiosos, ávidos, amigos de litigios, tenaces,
suntuosos, suspicaces, ladinos". Juan Huarte de San Juan, el
filósofo y médico español (¿1530-1591), autor del *Examen
de ingenios para las ciencias,* también se interesó en estas
cuestiones.

Otros trabajos posteriores a Maesdeu pertenecen a Francisco
José de Caldas, que escribió un estudio sobre el "Influjo del
clima en los seres organizados," y a Francisco A. Ulloa, autor
de un "Ensayo sobre el influjo del clima en la educación física y moral del hombre del Nuevo Reino de Granada." Ambos
estudios se publicaron en el *Semanario de la Nueva Granada* (1808-1810).

Quizás una de las fuentes más ricas de información sobre la
psicología del pueblo español están en los trabajos de Altamira. En su *Psicología del pueblo español* (1902 & 1917), sin
tratar a Taine, presenta uno de los estudios más interesantes

sobre la historia de las ideas de su patria, no solamente desde el punto de vista nacional sino internacional. Se podría decir que explaya y responde a los conceptos que presenta Unamuno en sús ensayos de *En torno al casticismo*.

En realidad, si bien Unamuno sigue a Taine en el método, el ensayo "El espíritu castellano" tiene un sabor netamente español.

Partiendo de la idea de que Calderón es el que mejor encarna el espíritu castellano, busca en su teatro la esencia de la casta. Así considera que el teatro castellano es el más rápido de todos en las resoluciones, y piensa que Lope, especialmente, precipita la anagnórisis o desenlace, eliminando el estado gradual o las medias tintas. Ocurre otro tanto con los romances: los hombres y los sucesos pasan como si fuesen grabados al agua fuerte, en un fondo monótono en donde todo es grave y cortado.

Comparando el teatro calderoniano con el de Shakespeare, nota en el teatro español más sobriedad, pobreza de argumento y poco desarrollo psicológico. Calderón no combina, como Shakespeare, dos o más acciones. Unamuno cree que el espíritu castizo nunca llegó a armonizar lo ideal y lo real. Todos son contrastes. Así, el teatro calderoniano nos presenta la realidad con "sus contrastes de luz y de sombra, de alegrías y de tristezas, sin derretir tales contrastes en la penumbra del nimbo de la vida." Observa que en el teatro castellano hay más convencionalismo que idealismo, más realidad histórica de un tiempo dado que realismo, incluso cierta superficialidad. Calderón presenta en realidad conceptos, mientras que Shakespeare hace que sus hombres desarrollen su alma en la escena. Más que conceptos el inglés presenta hombres vivos,

49

con ideas vivas, altas y profundas, mientras "Calderón se esforzaba por revestir huesos de carne y sacaba momias." Unamuno ve en el teatro castellano una disociación entre idealismo y realismo.

Reflexionando sobre el espíritu "disociativo, dualista y polarizador," que se revela en la expresión llena de vanos colores y palabras, considera dos vicios castizos: el culteranismo y el conceptismo. Y piensa que el ingenio castizo es más intelectivo que imaginativo. Así todo resulta intelectual y recortado. La falta de capacidad para las medias tintas da lugar a contrastes y desenfrenos en la expresión que dan por resultado el gongorismo. Cree que "el elemento intelectivo es lo que ahoga y mata la expresión natural y sencilla." Piensa que ese estilo es como un reflejo del propio paisaje castellano:

"Y de todo resulta un estilo de enorme uniformidad y monotonía en su ampulosa amplitud de estepa, de gravedad sin gracia, de períodos macizos como bloques, o ya seco, duro y recortado." (t. I, p. 822)

Tomando como ejemplos a personajes clásicos de la literatura castellana, tales como Segismundo, don Quijote, Pedro Crespo y don Lope de Almeida, observa que tienen voluntades con energía desbordante. Es así que frente a los obstáculos del mundo exterior y sus presiones oponen la fuerza de su voluntad.

Unamuno cree que los personajes del teatro castellano y aun los de la historia se forman de afuera hacia adentro: "más por cristalización que por despliegue orgánico, produciéndose ex abrupto no raras veces". De ahí que haya personajes que presentan cambios repentinos, muchas veces sin ninguna razón o justificación, como ocurre con algunos personajes de Lope, especialmente al final de sus comedias. Don Miguel piensa que tanto las resoluciones "bruscas y tenaces" como "el indolente matar el tiempo" se deben a la disociación mental entre los sentidos y la inteligencia. Supone que esta conducta corresponde a individuos poco complejos y que su monotonía de caracteres se debe a un reflejo de la realidad.

Reflexionando sobre estos individuos que se forman por presión exterior y que enfrentan al mundo como si fuesen de piedra, cree que pertenecen a una sociedad guerrera. Y hasta en el tipo de guerra que hacen hay algo anárquico, que se transparenta en la guerra de guerrillas. En este tipo de sociedad prevalece una especie de justicia primitiva. Así, "vengándose devengan sus derechos," como en el caso de Pedro Crespo, en donde la justicia se une a la venganza. Claro que para esta clase de vida, de lucha, es necesario desarrollar la astucia.

Entre otras cosas, observa que en la casta siempre hay violencia o abandono, y es proverbial la holgazanería y el materialismo. También piensa que hasta la caridad castiza tiene sentido de rectitud y justicia. No hay simpatía, la caridad es sobria y austera.

Partiendo del concepto general que de la mujer se tiene en el teatro clásico castellano, dice que en Tirso las mujeres son ejemplos de decisión y malicia, y en Lope de valentía. Sus amores son por lo tanto poco efusivos, carecen de sentimentalidad, son más bien "naturales." Unamuno cree ver aquí también un espíritu disociativo. Recuerda así al teatro calderoniano en donde los celos son debidos más al honor ofendido que al amor. El honor de la familia es más importante aquí que todo lazo afectivo.

Al reflexionar sobre la Reconquista, nota que por necesidad se impuso la lealtad al caudillo y la igualdad y llaneza entre los compañeros. No sin razón se dice "del rey abajo ninguno."

Sin embargo, dentro de todo esto hay un ordenamiento castellano; si por dentro había cierto anarquismo íntimo, por fuera se presentaba un frente monárquico unido. Pero el rey no es el Estado, sino "el mejor alcalde," que protege la honra y la nobleza.

Este gran deseo de respeto al individuo y a sus derechos produjo un exagerado sentido del honor. Y como lo castizo no tiene medias tintas, el resultado fue una "justicia seca o razón de Estado." Según esto, "El honor se defiende a estocada limpia." No hay que mostrar debilidad, y si la hay, que no se sepa. Y si el agravio es secreto, la venganza es también secreta.

Unamuno, al cotejar el caballerismo en España con el de Francia, nota que los españoles son más sobrios, más castos y menos tiernos que los franceses. Mientras la divisa de los primeros es "Dios, Patria y Rey", la de los segundos es "Dieu, l'honneur et les dames."

Considerando el papel de la religión como lazo social y civil, piensa que un pueblo de asociaciones y contrastes se acomoda fácilmente a la idea de los dos mundos: el terrenal y el divino, el paraíso y el infierno, "dos mundos, un Dios y un Diablo sobre ellos."

Tal es así que hasta las guerras de la edad de oro fueron de religión, con órdenes militares religiosas, pero el fanatismo que predominó era un producto de su falta de complejidad. Como no razonaban su intolerancia, más de una barbaridad se cometió en nombre de la religión.

En conclusión podemos decir que Unamuno, siguiendo el método de Taine, se propone mostrar una armonía entre el paisaje castellano y sus habitantes. Para esto va a la literatura clásica castellana y saca de ahí sus ejemplos. Señala, así, que predomina en este tipo de hombre un espíritu de sobriedad, una falta de complejidad, una carencia de medias tintas, una disociación mental entre los sentidos y la inteligencia, y esto le lleva muchas veces a un comportamiento brusco y recortado, y otras a la holgazanería y al materialismo. Pero la religión sirve de lazo de unión social y de base para la unidad civil. Y como la religión presenta contrastes, el hombre castellano siente cierta afinidad y se acomoda fácilmente a ella.

En realidad, Unamuno, al tratar de buscar las características castizas, está buscando al hombre español verdadero, y lo encuentra en la literatura clásica castellana y en la historia de su país.

IV. "DE MISTICA Y HUMANISMO"

Unamuno, como hemos visto en los ensayos anteriores, está indagando las futuras posibilidades de su patria. Y si bien el ensayo "De mística y humanismo" parece alejado del método de Taine, en realidad Unamuno está tratando de formular una solución a los problemas de España, tal como lo sugiere el historiador y filósofo francés en su *Introducción a la Historia de la Literatura Inglesa,* Aguilar, pp. 52-3:

> "Podemos afirmar, sin vacilaciones, que las creaciones desconocidas hacia las que nos lleva la corriente de los siglos, serán suscitadas y reguladas enteramente por tres fuerzas primordiales; que, si estas fuerzas pudieran ser medidas y anotadas, se deducirían, como en una fórmula, las propiedades de la civilización futura, y que si, a pesar de la evidente tosquedad de nuestras anotaciones y la inexactitud fundamental de nuestras medidas, queremos hoy hacernos una idea de nuestros destinos generales, ha de ser en el examen de estas fuerzas donde basemos nuestros cálculos."

Como ya sabemos las tres fuerzas son: la raza, el medio y el momento. Entonces toda posible solución implica una armonía con el espíritu castizo, y con el mundo que le rodea. Unamuno, para esto, se eleva del plano nacional a un plano universal, y va a presentar lo único que da vida y unifica a los hombres: el amor y sus implicaciones para el progreso.

En el primer ensayo de *En torno al casticismo*, el autor nos dice que "Hay que cavar más hondo" para encontrar lo que tenemos de humanidad, "que es la casta eterna, substancia de castas históricas que se hacen y deshacen como las olas del mar." Esto se podría interpretar como una penetración en lo más profundo del ser. Alejarse de todo lo que nos rodea y encontrar la más profunda paz interior; la comunión del alma con Dios, con la suprema armonía que es el amor a todos, sin perder la conciencia de que nos damos a todos y que todos se dan en nosotros.

Unamuno, siguiendo el método de Taine, ha penetrado en el espíritu castizo, en la psicología del hombre castellano, ha visto la armonía que hay entre él y el ambiente que habita. Armonía que lo unifica como un reflejo de sus propias características. Pero el hombre es también imagen de Dios, su creador, según el "Génesis;" hay por lo tanto una armonía entre el hombre y su creador, y tiene la potencialidad de un infinito amor que le une y eslabona a todo el Universo.

En el ensayo "De mística y humanismo," el autor nos dirá que el espíritu castellano adoptó como filosofía castiza la mística, "que no es ciencia, sino ansia de la absoluta y perfecta hecha substancia, hábito y virtud intransmisible de sabiduría divina; una como propedéutica de la visión beatífica; anhelo de llegar al Ideal del universo y de la humanidad e identificar el espíritu con él, para vivir, sacando fuerzas de acción, vida universal y eterna; deseo de hacer de las leyes del mundo hábitos del ánimo, sed de sentir la ciencia y de hacerla con amor sustancia y acción refleja del alma." (t. I, p. 840)

Pero nota que el espíritu castellano al adoptar esta filosofía estaba ya maduro, y trataba de buscar con ella un ideal supremo que armonizara los dos mundos. Y esto fue posible cuando el espíritu castellano revolvió contra sí mismo sus peculiaridades castizas, y asentó su individualidad con la renuncia de la misma. Considera que la mística castellana parte del conocimiento introspectivo de sí mismo, que sin tener en cuenta lo sensible o lo inteligible, llega hasta la esencia del alma, que es Dios, y se une allí con la "Sabiduría y el Amor divinos." Es decir, que el místico se encierra dentro de sí mismo y llega a la esencia del alma que es Dios.

Al hacer esto buscaban liberarse de la presión del ambiente social y la que ellos mismos se imponían con su carácter. Así, por este camino, "de la oración, anhelos y trabajos, ciencia hecha y final, contemplativa," renunciaban del mundo pero se decir, que el místico se encierra dentro de sí mismo y llega a la esencia del alma que es Dios.

> "Esta sed de supremo goce de posesión, sabiduría y ser por conquista amorosa, los llevó en aquella edad al anhelo del martirio, a la voluptuosidad tremenda del sufrimiento, a la embriaguez del combate espiritual, al frenesí de pedir deliquio de pena sabrosa, a que el alma hecha ascua se derritiera en amor, desgarrándose la urdimbre de espíritu y cuerpo y corriendo por las venas espirituales mares de fuego, y por fin llegaron algunos, rompiendo con la ortodoxia, a pedir la nada." (t. I, pp. 842-3)

Cree que la mística castellana tuvo características que la distinguen de la de otros países. Su tono era más bien estoico, austero y militante, y predominaba el horror al pecado.

Desde el punto de vista literario, Unamuno nota que el misticismo produjo autos sacramentales conceptuosos y canciones ardorosas y sutiles, como las de San Juan de la Cruz. Pero piensa que el misticismo también llegó al extremo de producir un quietismo egoísta que les hacía sumirse en la nada, y en otros casos en la lujuria y gula espirituales.

Sin embargo considera que el humanismo salvó a la mística castellana de estos mórbidos despeñaderos: "Desde dentro y desde fuera nos invadió el humanismo eterno y cosmopolita, y templó la mística castellana castiza, tan razonable hasta en sus audacias, tan respetuosa con los fueros de la razón. El ministro por excelencia de su consorcio fue el maestro León, maestro como Job en infortunios, alma llena de la ardiente sed de justicia del profetismo hebraico, templada en la serena templanza del ideal helénico" (t. I, p. 847).

Unamuno señala que fue Luis de León el que encauzó el misticismo castellano hacia la paz, el amor y solidaridad universales: "Penetró en lo más hondo de la paz cósmica, en la solidaridad universal, en el concierto universal, en la Razón hecha Humanidad, Amor y Salud. No entabló un solitario diálogo entre su alma y Dios. Vio lo más grande del Amor en que se comunica a muchos sin disminuir, que da lugar a que le amen muchos, como si le amara uno solo, sin que los muchos se estorben" (t. I, p. 850).

Reflexionando sobre los pensamientos humanistas de Luis de León, piensa que su doctrina lleva en esencia lo más profundo de la verdad platónica, y que constituye la base de todo renacimiento:

"Consiste la perfección de las cosas en que cada uno de nosotros sea un mundo perfecto, para que por esta manera, estando todos en mí y yo en todos los otros, y teniendo yo su ser de todos ellos y todos cada uno dellos el ser mío, se abrace y eslabone toda aquesta máquina del universo, y se

57

reduzca a unidad la muchedumbre de sus diferencias, y quedando no mezcladas se mezclen, y permaneciendo muchas no lo sean; y para que extendiéndose y como desplegándose delante los ojos la variedad y diversidad, venza y reine y ponga su silla la unidad sobre todo." (t. I, p. 851)

Unamuno, siguiendo su propósito de buscar una actitud salvadora y progresista para su patria, aplica esta doctrina de paz cósmica, de solidaridad universal y de amor que se comunica a muchos sin disminuir, a toda la nación. Es así, como dice entonces: "Un pueblo perfecto ha de ser todos a él y él en todos, por inclusión y paz, por comunión de libre cambio. Sólo así se llega a ser un mundo perfecto, plenitud que no se alcanza poniendo portillos al ambiente, sino abandonándose a él, abriéndose lleno de fe al progreso, que es la gracia humana, dejando que su corriente deposite en nuestro regazo su sustancioso limo sin falsearlo con falaces tamizaciones..." (t. I, p. 851).

Desde el punto de vista nacional, piensa que el mayor riesgo está en recluirse y no abrirse a todos y a todo. Unamuno cree que al tratar de cuidar tanto la casta, los españoles corren el peligro de perder la personalidad castiza. Siguiendo las ideas positivistas de la época, considera entonces que hay que mantener un balance con el ambiente. Nota que en toda adaptación existe una cierta reciprocidad y piensa que todas "las civilizaciones son hijas de generación sexuada, no de brotes." España, por lo tanto, no debe cerrar sus puertas a las corrientes que vienen de otras civilizaciones o culturas si desea progresar y salir de su estancamiento. Vemos, pues, que Unamuno, si bien parte del misticismo para llegar al humanismo, lo hace por medio de la corriente positivista de la época, que le proporciona la fórmula para el vigor y el progreso por medio de las fusiones.

V. "SOBRE EL MARASMO ACTUAL DE ESPAÑA"

El último ensayo de *En torno al casticismo* presenta una serie de cabos sueltos que el autor no logra entrelazar armoniosamente y pide al lector que lo haga en su lugar:

> "...me encuentro al fin de la jornada con una serie de notas sueltas, especie de sarta sin cuerda, en que se apuntan muchas cosas y casi se acaba. El lector sensato pondrá el método que falta y llenará los huecos." (t. I, p. 869)

En tealidad Unamuno, en este ensayo "Sobre el marasmo actual de España," hace una crítica sobre los males de España, señala las causas e indica los posibles remedios.

Sus temas principales son la tendencia disociativa, que ya trató en "La casta histórica. Castilla" y "El espíritu castellano;" La falta de voluntad o abulia que prevalece en la juventud de su tiempo y sus causas; el rejuvenecimiento de España mediante la europeización, que ya trató especialmente en "De Mística y humanismo," y finalmente la esperanza en el vigor del pueblo o en los valores de la intrahistoria. Unamuno unifica todos estos temas bajo la común preocupación por la profunda crisis que atravesaba España en

esa época. Considera que el pasado les ha legado junto con sus virtudes sus defectos. Así la tendencia disociativa, que llevaba a extremos rígidos, no permite la libertad y flexibilidad mental necesaria para la originalidad y la creación, tanto en las ciencias como en las artes. Esta rigidez causa naturalmente un ambiente de esterilidad mental e intolerancia que mata toda iniciativa juvenil. La falta de cooperación se agrava más todavía con la insociabilidad que predomina entre la gente. Tenemos así un encerramiento que oprime a la juventud y la moldea en un formalismo que mata todo florecimiento mental o artístico y produce la abulia.

Esta preocupación por el destino de la juventud española en 1895 fue también compartido por Santiago Ramón y Cajal en su famoso ensayo *Reglas y consejos sobre investigación científica,* más conocido por el subtítulo de *Los tónicos de la voluntad.* [1] La diferencia entre los dos autores está en que Ramón y Cajal propone remedios para curar la abulia, mientras que Unamuno expone algunas de las causas que la producen, pero al tratar este tema ambos pensadores son precursores de la Generación de 1898. [2]

Unamuno al considerar el tema de la voluntad o la falta de ella estaba dentro de las corrientes intelectuales de su época, sobre todo en la concepción de la energía dirigida, en contraposición con la estática de las antiguas filosofías y las del Oriente. Schopenhauer (1788-1860), el filósofo alemán, autor de *El mundo como voluntad y como representación,*

---

[1] Sobre Cajal véase Helene Tzitsikas, *Santiago Ramón y Cajal,* Ediciones De Andrea, México, 1965.
[2] Helene Tzitsikas. *El pensamiento español* (1898-1899). Ediciones De Andrea. México. 1967.

fue uno de los primeros en considerar a todo el universo como un deseo, dirección o voluntad (*Der Untergang des Abendlandes*, Munchen, 1924, vol. I, p. 433).

Se puede decir que el tema de la voluntad tuvo aplicación nacional en España, poco antes de 1898 con autores tales como Unamuno, Ramón y Cajal y Ganivet. Pero después de la pérdida de las colonias en 1898, la mayoría de los pensadores utilizaron el tema de la voluntad para buscar soluciones a los problemas de su patria. Esto se debe en gran parte también a la popularidad de las ideas de Nietzsche (1844-1900), filósofo alemán, cuya doctrina se funda en el vitalismo metafísico y la voluntad de poderío que llega a su culminación en el "superhombre" (*Así hablaba Zaratustra*). Nietzsche consideraba a la humanidad todavía en un estado adolescente, en donde el hombre se deja dominar por la tiranía de la mente, ya que Dios, el Rey, el Papa o· la Nación son en realidad creaciones del hombre y por lo tanto el hombre debe ser su amo y no su esclavo. Más todavía, la mente española acostumbrada a exaltar al individuo recibió la idea del Superhombre como una vigorizadora afirmación de la vida. Nietzsche ponía de lado todos los sistemas éticos, puesto que los consideraba como una moralidad para esclavos, creada para la defensa de los envidiosos contra los grandes hombres. Daba también esperanzas a la raza humana para un futuro brillante con sus ideas de una producción siempre ascendente de superhombres. La voluntad de vivir fue para Nietzsche no una fuerza ciega del universo, sino una cosa única y fundamental en cada individuo (Falkenheim, Lehmann, Pfander: *Hegel, Schopenhauer, Nietzsche*, Madrid, 1925, pp. 112-125).

En el ensayo "Sobre el marasmo actual de España," Unamuno acusa a los valores establecidos por la sociedad

española de su época como a los causantes del marasmo nacional. Cree que se puede vigorizar el país por medio de la europeización, y piensa que si existen obstáculos para ello se deben al viejo espíritu histórico nacional que persiste: "Es la obra de la inquisición latente." Sin embargo la europeización no está anulada completamente, siempre logra introducirse, aunque sea de contrabando. Unamuno considera que España fue grande cuando estaba abierta a los cuatro vientos, y su ruina comenzó cuando quiso encerrarse por temer la pérdida de su individualidad. Sin embargo, cree que tiene todavía porvenir, que resurgirá con la europeización y que los españoles expuestos a las corrientes extranjeras descubrirán su propio país.

Unamuno observa que en general se ignora "el paisaje y el paisanaje y la vida toda de nuestro pueblo." Y tomando esta idea piensa que hay que ir al pueblo para vigorizarse. Considera entonces que la regeneración está en la europeización y en el pueblo español, y condensa sus ideas en el siguiente mensaje a su patria:

> "la miseria mental de España arranca del aislamiento en que nos puso toda una conducta cifrada en el proteccionismo inquisitorial que ahogó en su cuna la Reforma castiza e impidió la entrada a la europea: que en la intra-historia vive con la masa difusa y desdeñada el principio de honda continuidad internacional y de cosmopolitismo, el protoplasma universal humano; que sólo abriendo las ventanas a vientos europeos, empapándonos en el ambiente continental, teniendo fe en que no perderemos nuestra personalidad al hacerlo, europeizándonos para hacer España y chapuzándonos en pueblo, regeneraremos esta etapa moral. Con el aire de fuera regenero mi sangre, no respirando el que exhalo." (t. I, p. 869)

Como vemos, Unamuno se eleva a un plano universal para llegar al nacional. Pero en general podemos decir que a lo lar-

62

go de los ensayos tratados sigue a Hipólito Taine en su método e ideas positivistas, y especialmente en la importancia que da a la raza, medio y momento, y a la intrahistoria como cauce para el futuro de la nación. Unamuno mantiene siempre presentes las leyes biológicas generales sobre las cuales reposa inconmoviblemente la gran ley de la evolución. Así trata de llegar a la comprensión de la raza por medio del método de Taine, que en su esencia no es más que la aplicación refinada de "la ecología o distribución geográfica de los organismos." "la ciencia del conjunto de las relaciones de los organismos con el medio ambiente exterior, con las condiciones orgánicas y anorgánicas de la existencia." (Ernesto Haeckel: *Historia Natural de la creación según las leyes naturales,* F. Sempere y Cia. Editores, Valencia, Vol. 2, p. 336.)

GANIVET
GRANADA LA BELLA

Mucho se ha discutido si Unamuno influenció a Ganivet o viceversa;[1] nosotros creemos que ambos fueron influenciados por Hipólito Taine, y que su interés por la tierra española y la psicología del hombre que la habita, nace de las reminiscencias de las obras del filósofo e historiador francés. Sin embargo, debemos notar que Unamuno en el ensayo "Sobre el marasmo actual de España," señala que "España está por descubrir, y sólo la descubrirán españoles europeizados." Y esto es lo que ocurre con Angel Ganivet. Escribe sobre Granada y España en general desde el extranjero y después de haber leído a Taine.

Lo español se convierte para Ganivet en un tema de apasionada observación, y al igual que Unamuno en sus ensayos de *En torno al casticismo,* hace psicología de todo lo español y una interpretación de la historia o intrahistoria de su patria. Claro que el ambiente de la España de 1895, pobre en energía y en ideas creadoras, invita al análisis de la psicología de

---

[1] Ver Julián Sorel (seudónimo de Modesto Pérez y Hernández), *Los hombres del 98. Unamuno,* Madrid, 1917, pp. 7-15.

todo lo nacional.[2] Más que en otras épocas, se puede afirmar que estos autores, considerados bajo el nombre de precursores o miembros de la generación del 98, están haciendo, con influencia consciente o inconsciente del positivismo, estudios sobre la identidad y forma del hombre español.

Dentro del panorama intelectual de su país, Angel Ganivet es estimado como uno de los grandes precursores del pensamiento moderno. En un breve período de tiempo,[3] produjo obras que no solamente respondían a los problemas y necesidades de su patria, sino que hoy resultan proféticas a muchos de nuestros temas de actualidad.

Si bien todos sus trabajos literarios son interesantes desde el punto de vista ideológico, concentraremos nuestra atención en *Granada la bella*.[4]

Las largas ausencias en los países fríos y nebulosos del Norte, hicieron que Angel Ganivet recordara el sol y la belleza de su tierra natal.[5] Y cuando fue ascendido a cónsul en Finlandia en 1896, la ciudad de Helsingfors le produce una grata impresión y le evoca a Granada. Así, pide a sus hermanas que le manden un plano de la ciudad, "para una cosilla que pienso escribir. No tratará de viajes sino por encima. La idea es tratar asuntos de Granada."[6] Y de esa manera nació *Granada la*

[2] Pedro Laín Entralgo, "Visión y revisión del *Idearium Español* de Angel Ganivet." *Ensayos y Estudios*. T. II (1940), nros. 3-4, Bonn.

[3] La producción literaria de Angel Ganivet comprende el período que va de octubre de 1895, cuando publica sus primeros artículos en *El Defensor de Granada*, hasta su muerte en noviembre de 1898.

[4] Ver Angel Ganivet, *Obras completas*, 2 Vols., Aguilar, 1962.

[5] Francisco Seco de Lucena, "En honor de Ganivet. Ganivet y Granada", *La Alhambra*. Año VI, 30 Nov. 1903, no. 142, pp. 509-511.

[6] Ver *Granada la Bella* de Angel Ganivet, edición y prólogo de Antonio Gallego y Burín. Edit. Padre Suárez, 1954, pp. XI-XIII.

bella, en febrero de 1896, colección de artículos que tratarían "de todo lo tratable...," publicados en el diario *El Defensor de Granada,* los días 29 de febrero, 10, 12, 15, 25, 28 y 29 de marzo, 5, 7, 8. 10 y 13 de abril respectivamente.

En un artículo escrito en 1897, que no llegó a publicarse y que fue insertado como apéndice al final de *Granada la Bella,* edición y prólogo de Antonio Gallego y Burín, 1954, Ganivet refiere los propósitos que tenía al escribir el libro y cómo redujo los catorce artículos proyectados a doce:

"La ocurrencia de escribir *Granada la Bella* la tuve por casualidad, como el burro o asno flautista. Yo no me propuse nada; yo no me propongo nunca nada, ni digo nada, ni aconsejo nada. Yo llegué a este país (Finlandia) y vi que era muy triste, que nevaba sin parar, que hacía mucho frío en la calle, y determiné quedarme en casa... en una casa que no era mía, sino del funcionario que me precedió, el cual, por no conocer la lengua del país, tuvo que acomodarse con una familia escocesa... Mi casa estaba cerca del mar... pero a esta casa no podía venirme hasta primero de Marzo y como estábamos a mediados de Febrero, hube de vivir medio mes en situación interina. En tan poco propicias circunstancias tuve necesidad de hacer algo para matar el tiempo y en los quince días de interinidad fragüé mis catorce artículos, uno por día, descontados los domingos, que aquí son celebrados y santificados, con tanto rigor, que se queda uno hasta sin comer si no ha tenido la precaución de comprar el sábado dobles provisiones. De aquellas catorce crías una nació muerta y otra, a poco de nacer, dio las últimas boqueadas y así quedaron reducidas a doce. El artículo que vivió, aunque poco, se titulaba "La Estética y la Administración" y lo suprimí por temor a mezclarme en las cuestiones políticas más o menos palpitantes. El artículo que no llegó a nacer estaba dedicado a los artistas vivos, mejor aún, a los hombres que se esfuerzan, casi en vano, por crear ambiente espiritual en Granada, y no nació porque un oráculo me profetizó que si tal engendro nacía daría muchos disgustos al padre."

En otra carta, dice Antonio Gallego y Burín en el prólogo *Granada la Bella,* Ganivet menciona a sus hermanas que esos escritos, que parecen broma, encierran en conjunto una idea seria y no son para reír. Señala también que algunos le aconsejan que haga un libro con ellos. Así, animado por sus amigos, Ganivet se decidió imprimir la obra de Helsingfors, en la Imprenta de J. C. Franckell e Hijos, en 1896; pero la edición era privada. Su propósito era distribuirla entre sus amigos.

El libro lo dedica a su madre (muerta en 1895), "Da. Angeles Siles de Ganivet, granadina amantísima de su ciudad," quedando de ese modo unidos los nombres de sus dos grandes y constantes amores: su madre y Granada.

I. "PUNTOS DE VISTA" [1]

Angel Ganivet al incorporar Granada como motivo literario a las Letras españolas se adelanta en el tiempo a la de Castilla, obra de la generación del noventa y ocho, y que sería llevada a la cúspide años después por Federico García Lorca. [2] Pero la modalidad espiritual de Ganivet fue evidentemente filosófica. En toda su producción resalta el pensador y el poeta más que el literario y el novelista. [3] Ganivet meditó profundamente sobre los problemas de la vida, pero al igual que Unamuno, no lo hizo en una forma sistemática, propia del filósofo. Consideraba las cuestiones según se presentaban en el desarrollo del tema que trataba. Podríamos decir que el ideal de la vida era para Ganivet el humanismo. Así, cuando escribe a sus hermanas sobre *Granada la Bella* dice que "encierran una idea muy seria y no son para hacer reír," infiriendo que presenta un programa filosófico en donde la idea de la belleza es

[1] Para los trabajos de Ganivet utilizaremos las *Obras Completas*, Aguilar, 1961-62, y las referencias a sus páginas se darán directamente señalando el tomo y el número correspondiente.
[2] Luis Rojas Morales, "Ante el centenario de Ganivet," *ABC*, 30 de julio de 1965VM
[3] Adolfo Bonilla y San Martín, "Angel Ganivet," *Revue Hispanique*, Paris, 1922, T. LVI, n.º 130, p. 531.

fuente de belleza moral. Leo Rouanet lo resume de la siguiente manera en su trabajo "Angel Gavinet", *Revue Hispanique*, T. V. (1898), Paris, p. 488:

> "De la beauté de l'homme dépend celle de la ville; de la beauté de la ville, celle de la nation. La beauté physique est la conséquence nécessaire de la beauté morale. On comprendra sans peine la grandeur de cette théorie d'après· laquelle chaque individu devient responsable de la destinée universelle, comme une pierre jetée au centre d'un étang produit des ondes qui s'élargissent jusqu' à son extrême circonférence."

Ganivet tenía sobradas razones para amar y sentirse orgulloso de Granada, una de las ciudades más bellas del mundo. No había al final de la Edad Media ciudad más singular y hermosa. Era una de las más importantes del mundo, y a medida que los cristianos fueron conquistando los dominios musulmanes, Granada iba creciendo con los refugiados hasta llegar a tener cuatrocientos mil habitantes. Así la población fue esparciéndose por la llanura, edificando pequeños alcázares y caseríos, en una armónica unidad con el paisaje. Se puede decir que a lo largo de los siglos su estructura fue esencialmente respetada y todo lo que se construyó se acomodó a sus líneas.[4] Sin embargo a fines del siglo XIX hay en la ciudad un insensato deseo de modernizar y despojar a Granada de su identidad y de sus valores más esenciales. Así, se cubre en parte el río Darro, sin pensar que podía haberse saneado y aprovechado para el embellecimiento de los alrededores. Algunos piden calles anchas y rectas, sin pensar en el clima y en el ambiente estético que se destruye. Ganivet responde a esta manía de destrucción con *Granada la Bella*, mostrando su preocupación, irritación y desprecio por lo que se está hacien-

---

[4] *Granada la Bella,* de Angel Ganivet. Edición y prólogo de Antonio Gallego y Burín. Ed. Padre Suárez. 1954. pp. XXI-XXXI.

do, pero también su amor, su ternura por la Granada ideal que sueña.

Así, en el primer artículo "Puntos de vista" dice que su Granada "no es la de hoy; es la que pudiera y debiera ser, la que ignoro si algún día será" (t. I, p. 61). No contará por lo tanto las bellezas reales sino las bellezas ideales e imaginarias. Y nos advierte, como Unamuno, que sus ideas no tienen un orden preconcebido, son ideas sueltas que "están esperando su genio correspondiente que las ate o que las líe con los lazos de la lógica." Pero la verdad es que las liga bajo el rótulo de un arte nuevo "que se propone el embellecimiento de las ciudades por medio de la vida bella, culta y noble de los seres que las habitan" (t. I, p. 62).

Ganivet considera por lo tanto una acción ecológica de reciproçidad entre el hombre y el medio para el embellecimiento y ennoblecimiento de la vida. Pero no desea destruir o construir nada, piensa que deben esperar, reflexionar y orientarse durante un período de reposo para una obra espiritual de regeneración futura. Considera que en las ciudades hay un sentimiento evolutivo, que es el de la naturaleza, en donde se incluyen todos los elementos exteriores, todas las cosas que contribuyeron a formarlas, de tal manera que en una ciudad todos tienen algo de ella y ella algo de todos:

"Porque una ciudad está en constante evolución, e insensiblemente va tomando el carácter de las generaciones que pasan. Sin contar las reformas artificiales y violentas, hay una reforma natural lenta, invisible, que resulta de hechos que nadie inventa y que muy pocos perciben. Y ahí es donde la acción oculta de la sociedad entera determina las transformaciones trascendentales. Tal pueblo sin historia, sin personalidad, se cambia en una ciudad artística y se erige en

73

metrópoli intelectual; tal otro, de brillante abolengo, cargado de viejos pergaminos, degenera en población vulgar y adocenada; y en aquello como en esto no interviene nadie, porque intervienen todos" (t. I, p. 63).

Pero Ganivet|piensa que ninguna circunstancia debe alterar o adulterar la verdadera naturaleza de la ciudad. Los intereses creados por la economía o la sociedad no deben ser introducidos en los planes de reformas urbanas. Cree que muchas veces la falta de dinero puede salvar la armonía arquitectónica de una ciudad. La desgracia está cuando hay dinero y no hay ideas estéticas; entonces, sin examinar la conveniencia de la comunidad y bajo un impulso momentáneo y ciego, se destruye lo que tomó siglos en formarse.

Reflexionando desde el punto de vista ecológico, nota que muchas veces al volver a Granada, después de largas ausencias, siente una alegría espontánea y corpórea, como si él fuese parte del ambiente, como si los átomos se reconociesen y se alegrasen de volverse a reunir. Y se pregunta si el amor patrio no sería en realidad una fórmula química, "representada por la suma de los diversos grupos atómicos locales, que forman la personalidad en cada momento." Piensa entonces en la dificultad de llegar a una definitiva fraternidad humana si se tiene en cuenta la diversidad de ambientes extranjeros. Pero Ganivet es positivo y se eleva hacia un plano universal al considerar la capacidad de asimilación del individuo. Así, pone su propia experiencia como ejemplo:

"Por lo pronto yo me figuro que cuando viajo llevo conmigo mucho de mi ciudad natal, y algo de todas las que que he ido conociendo, y que, de ese parecer monstruoso conjunto, brotan sentimientos de armonía hasta cierto punto involuntarios" (t. I, p. 66).

Sin embargo nota que el sentimiento de armonía no está en todos los que viajan. Hay individuos que tratan de implantar en Granada cosas que han visto en otros países y no se dan cuenta que pueden romper o quebrar la armonía del ambiente. No ven que lo que es bello en un lugar puede perder su mérito es un escenario que no le es propio o natural. Ganivet comprende el grave problema de Granada frente al peligro de moderizarse. No promete soluciones, ya que el problema es heroico, pero tratará de pasar revista a las encontradas aspiraciones que se presentan en el conflicto estético.

Como vemos, el autor está en todo momento consciente del sentimiento de la naturaleza, de la armonía que existe entre el hombre y su medio, y la influencia que tiene sobre ambos el clima y el momento. También es necesario hacer notar que desde 1893 Ganivet ya conocía las ideas de Hipólito Taine, por las referencias que hace en el *Epistolario* (t. II, pp. 829, 837, 851 y 992). Pero entre otras cosas, la originalidad de Ganivet está en su visión estética. En la introducción del concepto de que la belleza del hombre depende de la de su medio, y de que la belleza física de una ciudad es la consecuencia necesaria de la belleza moral o espiritual de sus habitantes.

II. "LO VIEJO Y LO NUEVO"

En "Lo viejo y lo nuevo," Ganivet desarrolla la teoría de que el proceso de síntesis de lo que es bueno para una nación, y lo que la reconcilia con su pasado, presente y futuro, está en el pueblo. Para esto comienza con acostumbrado humorismo a presentar una serie de ejemplos que muestran los peligros a que se pueden exponer, y la lógica con que deben actuar. Así señala que en la eterna batalla que se lleva a cabo en toda ciudad o nación cuando se quiere hacer cualquier cambio, muchas veces no ganan ni los partidarios de lo nuevo ni los de lo viejo, y los únicos que vencen son los que no pelean: "los zurdidores de voluntades, pasteleros, transigentes y contemporizadores." Es por lo tanto necesario saber a qué atenerse y estar en alerta.

Empezando por el alumbrado, nota que con la introducción de la luz eléctrica el individuo sufrió un cambio psicológico. Primero la pérdida de la timidez al verse bajo una luz nueva y luego el comienzo de la disolución de la familia. La luz eléctrica resulta así un importante elemento dentro del comportamiento del hombre y de la familia. Ganivet trata este mismo tema en casi todas sus obras, y siempre insiste que el velón y el brasero eran el sostén de la vida familiar en el pasado:

76

"El antiguo hogar no estaba constituido solamente por la familia, sino también por el brasero y el velón, que con su calor escaso y su luz débil obligaban a las personas a aproximarse y a formar un núcleo común. Poned un foco eléctrico y una estufa que iluminen y calienten toda una habitación por igual, y habéis dado el primer paso para la disolución de la familia." (t. I, p. 69).

Como se puede ver, el tema de la luz eléctrica tiene implicaciones ecológicas en la vida del hombre.

En lo referente a las ciudades, cree que la preocupación principal del pueblo debe ser la de asearse, embellecerse y luego elegir el sistema de alumbrado más conveniente, es decir el que dé más luz por menos dinero.

Con el mismo sentido común, piensa que para el riego de las calles debe elegirse un sistema económico y bueno. Pero nota que el servicio de limpieza es más importante, y debe comenzar primero con los cuerpos de los habitantes y luego con las costumbres, las casas y, por último, las calles. Ya que hay ciudades muy limpias pero corruptas. Enemigo de lo falso, Ganivet insiste en la sinceridad: "No se limpie sólo por cubrir las apariencias; límpiese con sinceridad, con energía."

Sin embargo no siempre se puede condenar a una ciudad que no limpia sus calles; algunas veces el abandono y la suciedad hace resaltar más la pulcritud de sus habitantes. Recuerda así a Koenigsberg, la antigua capital de Prusia, en donde "la basura no escaseaba." y en donde lo nuevo y lo viejo se combina con más sabiduría que en España. Ganivet nota el encanto de lo inesperado en esa vieja ciudad: casas que parecen modernas por fuera y son como cortijos por dentro; un gimnasio moderno al lado de "torreoncillos señoriales;" tranvías eléctricos y calles empedradas, pero con gorriones "insolentes" que bailan delante de uno. Otra ciudad que le llama la atención es Kant, notable por la precisión en los detalles. Recuerda que hasta los huevos tienen fecha de nacimiento y los diarios dan noticias exactas de los acontecimientos mundiales.

Contrastando con estos recuerdos, reflexiona sobre los problemas de su tierra, y hace una crítica de la falta de cuidado y de ideas sobre lo que es primordial. Así en algunos casos se construyen mercados, pero se dejan las escuelas en edificios ruinosos y denunciados. Y cuando edifican escuelas nuevas no tienen en consideración los alrededores de la ciudad, y las establecen en casas cuyo jardín es tan pequeño que "no es mayor que un pañuelo." Critica igualmente la tendencia de copiar la arquitectura extranjera en la construcción de buenos hoteles. Piensa que es mucho más fácil transformar las posadas conservando los rasgos típicos, como el zaguán, que las hace tan hospitalarias y atractivas:

> "En un hotel el viajero se apea a la puerta y entra como en casa extraña; en una posada se apea cuando está ya dentro, como en casa propia. Son unos cuantos pasos de más o de menos y para el que sabe ver, en ellos está representada la hospitalidad española." (t. I, p. 72)

Ganivet piensa que el pueblo es más artista y filósofo de lo que se cree, y que se debe mantener un cierto balance artístico en toda innovación que se intente. Observa que un sistema no es malo mientras haya en el fondo un sentimiento popular. Y recomienda que cuando no se tiene más ideas que las que se pueden encontrar en los libros, lo mejor y lo más seguro es guiarse por el pueblo.

Reflexionando sobre su estada en Bélgica, dice que una de las impresiones más agradables que tuvo la recibió en la Grande Place de Bruselas. La inmersión en arte flamenco es allí completa, y lo más sorprendente de la armonía del ambiente, dice Ganivet, son los trajes nativos; los únicos que desentonan son los que se visten a la moda del día.

Piensa que el pueblo comprende su arte cuando él mismo lo crea. Quizá no sepa expresarlo con ideas concretas y elocuencia, pero sabe adaptarse a lo que es grande y hermoso y nunca desentona. Ganivet cree que si el pueblo llega a desentonar, la culpa es de otros que tratan de introducir cosas absurdas. El autor ve en el pueblo y en el arte nativo una armonía completa.

Ganivet cree firmemente que la personalidad y la fuerza de una nación está en el pueblo, y da como ejemplo la resistencia que hizo el pueblo a la invasión nepoleónica y a las ideas nuevas. Piensa que los que salvaron a España fueron los ignorantes, aquellos que no sabían leer ni escribir. Y Goya, el artista más genial de la época, también fue un hombre del pueblo, y simbolizó en su cuadro "El Dos de Mayo" el desafío del pueblo español frente a las balas del enemigo.

Mostrando percepción por lo ecológico, Ganivet encuentra que la esencia de España está en el pueblo, él es su fuerza, su individualidad y la fuente natural de su arte. Por lo tanto, toda idea de innovación o reforma urbana no puede ignorarlo, si no desea perder la personalidad de la ciudad. En este sentido podemos decir que Ganivet fue profético y se adelantó a las tendencias de la España actual.

III. "¡AGUA!"

Angel Ganivet vivió en una época de evidente transición, en que el progreso material era visto por algunos como un peligro para la estética del paisaje y las costumbres ancestrales. Es así, entonces, como las nuevas técnicas científicas e industriales causaron un natural recelo en los tradicionalistas.

Nuestro autor nunca simpatizó con el progreso material y esto es obvio en *Granada la Bella*, y especialmente en el artículo "¡Agua!" Sin embargo, lo que nos interesa aquí no son sus simpatías o desdenes, sino su visión ecológica y la percepción que siente de los cambios físicos y psicológicos en el hombre, y el resultado de sus acciones.

Partiendo de las controversias que había en su tiempo sobre el abastecimiento de aguas potables de Granada, Ganivet toma una actitud tradicionalista. Lo que a él le interesa es el aspecto estético, pero esto le da la oportunidad de reflexionar sobre los cambios y sus implicaciones. Así, cuando se propone la distribución de agua corriente por "tubos españoles" para toda la población de Granada, con el propósito de proteger la producción nacional de tubos, nuestro autor sale en defensa

80

de los aguadores. En tono conversacional y humorista nos dice: "Pero ¿es que los hombres de las garrafas que bajan el agua de la Alhambra, y los tíos de los burros que la traen del Avellano, no son producción nacional?" (t. I, p. 76). Piensa que hay agua suficiente para todos los usos, y solamente es necesaria "una poco pura y clara para beber." Cree que la única innovación que se podría hacer, es entregar a una empresa su distribución, empleando a la misma gente que vivía hasta entonces de ese trabajo. En realidad lo que propone Ganivet, más o menos, es la industria del agua mineral, que es una de las industrias más generalizadas hoy día en España y en toda Europa.

El pensamiento que guía a Ganivet en su razonamiento es el siguiente: "Antes de crear un órgano nuevo, conviene examinar si el que está prestando servicio no admite mejora; si el interés general exige realmente que se le sacrifique, porque en toda transformación hay un peligro: el aumento de capital a expensas del trabajo de los obreros" (t. I, p. 76). El autor cree que si el progreso mecánico favorece principalmente al capital, se debe recurrir a él solamente cuando el consumo sea tal que permita un balance con la ganancia del obrero. Piensa que lo mismo debe ocurrir con la fabricación de papel, tejidos, mercería, artículos metalúrgicos, etc.

Desde el punto de vista estético, Ganivet señala que si se sustituye a los aguadores con media docena de empleados con "gorra," Granada perderá uno de los tipos más pintorescos de la ciudad. Pero lo que es importante notar, es que junto con la transformación económica viene la transformación psicológica. Tomando como ejemplo los ferrocarriles, el autor observa que los venteros se cambiaron en jefes de estación y los "zagales" en inspectores de billetes. Piensa que con el adelanto se pierde algo de la libertad personal, sacrificio que se ve compensado por una "mayor consideración."

El autor comprende que el adelanto es un instrumento esencial para dominar la Naturaleza, y que los españoles así lo entendieron cuando lo adoptaron. Lo que Ganivet les censura es el mal gusto en adopción.

Volviendo a la controversia sobre el abastecimiento de aguas, nota que uno de los problemas era el de armonizar el gusto de los paladares. Y con verdadero deleite sibarítico nos dice que "Sólo un gran poeta· épico sería capaz de describir cómo sabemos beber agua, según ritos tradicionales, con los requisitos de un arte original y propio, desconocido de todos los pueblos" (t. I, pp. 77-8). La descripción del acto de beber el agua y de los ritos es uno de los cuadros más coloridos y pintorescos de todo el libro. Tan compenetrado está el aguador con su oficio que, como el rastreador del *Facundo* de Domingo Faustino Sarmiento, "huele dónde tienen sed." Y es tan diestro con la garrafa, la cesta de los vasos y la anisera, que es casi uno con todas ellas. Pero es su pregón, hiperbólico y animoso, el que atrae como el canto de las sirenas. Ganivet describe el arte y ritual del paladeo de la siguiente manera:

> "Abrís la mano, y recibís una cucharadita de anises para hacer boca; mientras paladeáis, el aguador fregotea el vaso, que llena después de agua clara y algo espumosa, como escanciada desde cierta altura; después que consumís el vaso, os ofrecen más, y aceptáis "una poca" aunque no tengáis gana, y por todo el consumo pagáis un céntimo doble, salvo lo que disponga vuestra generosidad." (t. I, p. 78)

Con acostumbrada gracia y humor, Ganivet nos cuenta que un verdadero hijo de Granada selecciona y busca al aguador preferido, yendo adonde sabe que lo encontrará. Así hay aficionados a las diferentes aguas, y Ganivet las menciona: la de Alfacar, la de las fuentes de la Salud o de la Culebra, la del Carmen de la Fuente y hasta la de los pozos del barrio de San Lázaro, pero las preferidas son la de la Alhambra y la del Avellano, por sus reconocidas cualidades terapéuticas.

Vemos pues que Ganivet al insistir en el mantenimiento de los servicios tradicionales de los aguadores, no solamente trata de conservar algo típico de Granada, sino retener un instrumento terapéutico y ecológico. El autor está hablando del agua mineral, cuyas cualidades medicinales son reconocidas, y que constituye, dentro de la elección a que los habitantes la someten, un apoyo a su bienestar y al de la población en general.

En realidad podemos decir que Ganivet, se adelanta a su tiempo en la industria del agua mineral de Granada. Desde el punto de vista ecológico, se puede notar en su artículo la completa armonía entre el hombre y el agua del lugar: la gente la busca como una cosa natural. Finalmente, con sentido estético establece que lo verdaderamente granadino es lo típico, lo natural al ambiente y lo tradicional.

IV. "LUZ Y SOMBRA"

Es indiscutible que muchas de las ideas sobre estética que el autor expresa en "Luz y sombra," tienen su origen en reminiscencias de los conceptos de Hipólito Taine. Al igual que el historiador y filósofo francés, considera que toda producción del espíritu humano, como las de la Naturaleza, se pueden explicar por su ambiente. Del mismo modo que se estudia la temperatura física o el clima para entender la aparición de los diferentes tipos de vegetación, hay una temperatura moral, que, dentro de sus variaciones, determina el aspecto de la producción artística o arquitectónica de una ciudad. [1]

Ganivet tratará de explicar la arquitectura de Granada utilizando un método semejante al de Taine, es decir, subordinará el aspecto físico y estético a la zona climática. Esto implica en realidad un punto de vista ecológico. Pero el motivo que impulsa al autor a escribir sobre este tema, es el de señalar las aspiraciones equivocadas de algunos que desean copiar el aspecto de ciudades extranjeras.

[1] Hipólito Taine, *Filosofía del arte.* Aguilar, 1957, p. 28.

El autor comienza con una visión panorámica de las diferentes zonas climáticas. Así nota que a medida que aumenta la luz y el calor en la zona ecuatorial, las poblaciones se van juntando, "apiñando," y las calles se hacen más angostas, y cuando ya no se pueden estrechar más, la ciudad desaparece para dar lugar al desierto o a la selva, en donde los salvajes viven en cabañas desparramadas. Más adelante, tomando el extremo opuesto, concentra su atención en las ciudades del norte de Rusia, Finlandia, Suecia y Noruega. Estas ciudades de invierno necesitan buscar el sol y la luz, de ahí que sus calles sean anchas, y cuanto más altos sean los edificios tanto más anchas son las calles, para evitar las sombras sobre las otras construcciones. Utilizando sus propias experiencias, el escritor explica cómo el aire y la nieve son una defensa para el hombre de estas regiones:

"El día que yo llegué a San Petersburgo la temperatura era de 15 grados bajo cero, y la nieve caía con furia, y a pesar de mi falta de costumbre, pasé el día corriendo en trineo por toda la ciudad sin que el frío me molestara. Las bofetadas de aire y los azotazos de nieve me mantuvieron en constante reacción. Si hubiera ido en coche cerrado, es probable que hubiera cogido una pulmonía" (t. I, pp. 81-82)

Ganivet pasa luego a describir el clima y las construcciones de las zonas costeras que van de Noruega hasta Flandes, en donde se sufre más de la lluvia que del frío. Nota que los techos son cónicos, puntiagudos, para que el agua se escurra, y las casas tienen uno o dos sótanos para defenderse de la humedad.

Enfocando en las ciudades meridionales, en donde hay demasiado calor y luz, dice que las casas se juntan, y el hombre se defiende del calor con la sombra y la Naturaleza. Es así como nos recuerda que Granada es una ciudad meridional, de sombra. Y nota que su estructura antigua, con calles angostas e irregulares, es la lógica, puesto que se basa en "la necesidad de quebrar la fuerza excesiva del sol y de la luz, de detener las corrientes de viento cálido."

Ganivet señala lo equivocadas que son las ideas de los que quieren tener en Granada calles rectas y anchas. Trata así en detalle las diferentes calles y los problemas ecológicos que pueden presentar las reformas que se proponen.

Reflexionando sobre varios episodios históricos y transformaciones que sufrieron diferentes ciudades fortificadas debido a los cambios de tácticas guerreras, observa un movimiento de expansión: "para estirarse libremente después de años y siglos de postura violenta e incómoda." En estos casos, Ganivet no está en contra del ensache lógico, sino en contra del mal gusto. Pasa así al problema que presenta la manía de copiar las estructuras de algunas ciudades americanas.

Dando una mirada retrospectiva, señala que los colonos que se establecieron en América, construyeron en forma rápida ciudades útiles y prosaicas. Y considera que estas ciudades no son más que aglomeraciones de "buildings," que en pocos años tuvieron cientos de miles de habitantes. Fue así que luego los hombres de negocios, los fabricantes de casas baratas y los vendedores de terrenos comenzaron a introducir en Europa esta arquitectura ramplona, notable por la línea recta. Y con esto penetró el deseo de ensanchar las calles sin justificación alguna, cuyo resultado afea las ciudades y sacrifica su sentido estético. Sin embargo, nota que muchas ciudades que tienen tradiciones artísticas tratan por todos los medios posibles de retenerlas y mantener su personalidad.

En Granada ocurrieron algunos ensanches y reformas injustificables en contra de la armonía natural de la ciudad, como la idea de cubrir el río Darro:

"A Granada llegó la epidemia del ensanche, y como no había razón para que nos ensancháramos, porque teníamos nuestros ensanches naturales en el barrio de San Lázaro, Albaicín y Camino de Huétor, y más bien nos sobraba población, concebimos la idea de ensancharnos por el centro y el proyecto diabólico de destruir la ciudad, para que el núcleo ideal de ella tuviera que refugiarse en el Albaicín. Y con el pretexto de que al Darro se le habían "hinchado alguna vez las narices," acordamos poner sobre él una gran vía. Y la pusimos." (t. I, p. 87)

Así, medio en broma y medio en serio, Ganivet cree que han tenido suerte en carecer de medios económicos para continuar las reformas y pagar expropiaciones, de otra manera tendrían que dormir "al raso."

Habíamos dicho anteriormente que el artículo "Luz y sombra" tiene reminiscencias de Taine, pero hay que notar que Ganivet utiliza sus propias experiencias para justificar sus ideas. Podemos decir que el filósofo francés fue una inspiración que le ayudó a enfocar con más claridad el esteticismo de Granada.

V. "NO HAY QUE ENSANCHARSE"

Angel Ganivet considera en "No hay que ensancharse" algunos problemas sociales, psicológicos y políticos, que lo establecen como un precursor, no solamente dentro de los modernos tratados de estructuración urbana, sino también de pensadores como José Ortega y Gasset.

El autor desarrolla la idea de que los encargados de la arquitectura, y del ensanche de calles, deben tener en cuenta la ecología natural del ambiente urbano, las costumbres del pueblo, y la psicología de las gentes, antes de estimar reformas. Piensa que una ciudad se debe agrandar solamente de una manera natural, cuando la fuerza de los hechos lo imponen, y nunca de una manera artificial.

Como una cosa viva, cree que el mismo pueblo se mueve y traza la estructura de la ciudad. Y cuando es necesario, él mismo rompe el trazado original, al igual que el hombre que engorda y el sastre le hace un traje más holgado. Piensa por lo tanto que es necesario que los arquitectos sepan mucha psicología para no afectar un pueblo negativamente:

88

"...si abren grandes calles y para unir estas calles una gran plaza, y la gente 'no va por allí', en vez de embellecer una ciudad han metido en ella un cementerio, y han contribuido a que se arruinen muchos que creen que cuanto más ancha es la calle el negocio es mayor y más seguro" (t. I, pp. 88-9)

Considerando la vida social de Granada, y las costumbres femeninas, piensa que hay todavía vestigios morunos. No hay allí un tipo de mujer sofisticada. Su guardarropa, si bien es abundante en ropa blanca, es muy limitado en vestidos. De manera que cuando sale casi siempre va de "trapillo" y rehuye las tiendas demasiado vistosas y de lujo. Por otra parte, es un tipo de mujer económica y acostumbrada al regateo. De ahí que nunca compre sin ver lo que hay en otras tiendas ("para volver a casa con la conciencia tranquila"). Para esta clientela es más cómodo tener los negocios de material análogo juntos, uno cerca del otro, y ver todo en poco tiempo.

Siempre considerando lo más lógico en estructura urbana, Ganivet comenta el problema de las ciudades obreras, cuyos diseñadores hacen construir casas baratas a las afueras de la población sin pensar que el pobre se resiste a salir del ambiente acostumbrado. Reflexionando sobre esto, nota que en la capital de Finlandia campea un espíritu político que previene muchos problemas sociales. Esta es una ciudad que no segrega las viviendas. El pobre puede vivir en el mismo edificio o en el mismo barrio que el rico:

"Vais a tal número de tal calle, y halláis que el mismo número está sobre dos puertas muy próximas de la misma casa, aun de casas muy suntuosas: una puerta da entrada, por lujosísima escalera, a habitaciones de gente rica; otra da acceso a un patio o corralón, con diversas escaleras, que conducen a cuartos pobres. En un mismo edificio, bajo el mismo techo, está el palacio junto a la casa de vecinos; no hay

barrios ricos y barrios pobres; en cualquiera de los nueve de
la población se puede vivir sin desentonar." (t. I, p. 90)

Siguiendo esta línea de pensamiento, enfoca en la estructura
natural de Londres. Ciudad irregular y confusa en donde todo
parece revuelto, lo bello con lo feo y lo pequeño con lo monumental. Cree que esto se debe al respeto que siente el inglés
por lo que existe, por lo tradicional. Sin embargo, señala que
si bien destruyen poco, crean mucho. No se preocupan por la
simetría ni por la artificialidad. Pero observa que en esa
aglomeración de millones de habitantes seguramente hay des-
contentos, pero no hay grandes desórdenes sociales que deban
ser sofocados con las armas.

París, por otra parte, se ha desarrollado siguiendo un criterio
radical. Piensa que es una ciudad en donde predomina la armonía y un fuerte espíritu modelador que se imprime en todos los que viven en ella. Pero la segregación o separación de
clases es obvia. Los pobres siempre estuvieron replegados en
la periferia, formando un círculo peligroso durante las revoluciones. Ganivet cree que esta situación estructural quizá sea
un elemento de gran importancia en la historia moderna de
Francia.

Tomando en cuenta que todo ensanche de calles va acompañado por un encarecimiento artificial de la vida, el autor considera las consecuencias urbanas del éxodo de los pobres:

"...Si allí donde vivían dos mil pobres edificamos casas que
éstos no pueden continuar habitando, dicho se está que se los
obliga a huir de aquel centro; y si la operación se repite varias
veces, se llega, como si se le diera vueltas a la población dentro de un tamiz, a la separación de clases." (t. I, p. 91)

Con razones confirmadas en el pasado y en el presente, el escritor señala que toda separación de clases es peligrosa. Cree que en Granada la idea de separaciones implica una de muerte, ya que la pelea por el pan puede precipitar fácilmente una lucha de clases. De ahí que no exista otro camino que el de prevenir esta situación a tiempo, puesto que las revoluciones en su país son grandiosas. Así, da una mirada retrospectiva y nos cuenta en forma colorida de qué forma caía el pueblo sobre la ciudad:

"De los barrios extremos y de los pueblos del llano, dos o tres leguas a la redonda, esas gentes que, cuando nos visitó Edmundo de Amicis, no se habían enterado de la llegada de Amadeo, y ahora quizá no sepan que se ha muerto Alfonso XII, caían sobre la ciudad pidiendo pan y tomando todo lo que encontraban. Todos armados: los unos con estacas, con tijeras de esquilar, con haces, hachas, rejones, paletas de atizar la fragua, martillos, almocafrones, piquetas, calderas, sartenes, badilas y almireces, instrumentos de guerra y música; los otros, los peores, los de las armas más peligrosas, embozados en sus capotes, prendas de abrigo que en Granada son armas de combate, por lo mismo que no se va a matar, sino a recoger. A recoger digo, y no a robar, aunque esto parecía lo propio, porque el pueblo amotinado, al suprimir el principio de autoridad, cree de buena fe que funda un estado de derecho —estado fugaz, pero estado al fin— en el que todas las cosas se convierten en cosas "nullius," como si volviéramos al sistema hebreo del año sabático. En tal situación todos recogen lo que pueden, y los de los capotes son los que recogen más." (pp. 92-93)

El tratamiento literario del pueblo que suprime todo principio de autoridad y cree fundar un estado temporario de derecho, en donde todas las cosas se consideran suyas, es un tema que tratará años después Ortega y Gasset en *La rebelión de las masas* (1930).

Igualmente, Ganivet es un precursor al dar la voz de alarma a las ciudades que se encierran en un círculo de miseria que las puede ahogar. Peligro que sigue en pie mientras haya necesidad de pan.

Como vemos, Ganivet sigue al día en sus ideas sobre los problemas de las ciudades, y las consecuencias psicológicas, sociales y políticas que ellos pueden acarrear y que en realidad reflejan un punto de vista ecológico.

VI. "NUESTRO CARACTER"

Granada la Bella contiene una visión de los elementos esenciales del genio español, de la violencia que los hombres han hecho de su espíritu y del destino brillante que le espera si se mantiene fiel a su carácter. Ganivet concibe a Granada como una entidad que ha tratado de mantenerse fiel a sí misma, tanto en su arte como en su religión, ya que desarrolló durante la Reconquista una religión que se adoptó a su personalidad. Una religión que no era propia de un sistema escolástico, sino de la vida, un misticismo nacido de la familiaridad con la poesía y sensualidad árabes.

Pero hay que recordar que Ganivet nos ha dicho desde un principio que nos presentará una Granada ideal, en donde la Naturaleza y el espíritu están en una armonía superior. Su Granada, además de ideal, es también mística. Misticismo que se nota en el recogimiento a una profunda vida interior y que parece nacido de la sensualidad refrenada o sublimada por la virtud.

"Nuestro carácter" trata sobre las peculiaridades del alma española, y en especial de Granada.

Considerando el encadenamiento de los pensamientos que el autor nos ha expresado hasta el presente artículo, nos dice que un pueblo amante del agua y del pan tiene que ser necesariamente un pueblo de ayunantes, ascetas y místicos. Piensa que lo místico es lo español, y los granadinos son los más místicos de toda España por su ascendencia cristiana y árabe. Es por este camino, por el que Ganivet tratará de llegar al fondo del carácter español y del misticismo español, y que desarrollará más extensamente, desde el punto de vista nacional, en el *Idearium español*.

Así, considera que la España de Séneca tenía una predisposición para el cristianismo antes de Cristo. Y cuando llega se afirma y se adopta a la personalidad existente. Ganivet cree que los acontecimientos históricos y la guerra contra los árabes durante la Reconquista purificaron el cristianismo. Y así como el clima hizo que el cristianismo degenerara en el Norte de Europa en concepción fría y protestante, y en el Sur en una pompa y liturgia brillante, en España junto con esto último se elevó al misticismo. El autor se da cuenta que ésta es una afirmación atrevida, pero cree que deben el misticismo a los árabes, y ve una íntima relación entre el amor y la caridad cristiana y la sensualidad árabe. Piensa que "el misticismo no es más que la sensualidad refrenada por la virtud y la miseria." Así nos dice: "Dadme un hombre sensual, apasionado, vicioso y corrompido; infundámosle el sentimiento doloroso, cristiano, de la vida, de tal suerte que la tome en desprecio y se aparte de ella, he aquí al místico hecho y derecho; no el místico de cartón que el vulgo concibe, sino el de carne y hueso, el que llega a genio y a santo" (t. I, p. 95).

Ganivet observa que el misticismo tiene profundas raíces en la manera de ser del español, y todo lo que le caracteriza parte de él, incluyendo las ideas sobre la vida familiar, social, política y administrativa. Cree que esto explica las aparentes contradicciones que se pueden notar en los españoles, como por ejemplo su resistencia a la asociación y la enorme cantidad de comunidades religiosas. Piensa que la individualidad española se subleva frente al mecanismo autoritario de asociaciones fundadas con fines utilitarios, pero no ocurre así en las comunidades religiosas, en donde se asocian con el propósito de liberarse de la esclavitud de la necesidad material. La asociación en este caso los libera, el ideal los une, y se hace más llevadera la jerarquía y la autoridad.

Estas mismas tendencias hacen muy difícil el adelanto y la prosperidad de grandes empresas; de ahí que haya en Granada una abundancia de pequeños negocios. No cree que sus compatriotas sean capaces de concebir un negocio a la manera inglesa.

Frente a las preguntas sobre la aptitud de los españoles para la explotación de la riqueza y su capacidad para el cultivo de las ciencias aplicadas, Ganivet cree que no les falta aptitud ni capacidad, sino que tienen demasiada, y por lo tanto es como si no la tuvieran. Piensa que los hombres de ciencia no cooperan entre ellos. No han descubierto o inventado nada grandioso. Pero nota que los españoles han tenido fe y valor y han conquistado tierras: han luchado en todas las partes del mundo; crearon una mística en la que buscaron paz y reposo, y un arte de alta concepción, y finalmente para distraerse las corridas de toros.

En general se puede decir que Ganivet reafirma la idea de que la fuerza española está en el ideal con la pobreza y no en la riqueza sin ideales. Este concepto tiene sus raíces en el misti-

95

cismo, puesto que parte del desprecio de todas las cosas de la vida y termina en el amor a todas las cosas de la vida. Así, el desprecio eleva hasta encontrar el ideal que da la paz y el reposo. Y con la luz del ideal encontrado, se ve que lo que previamente era grande y desagradable, es más pequeño y más agradable, y un soplo de amor universal llega a todo, hasta lo más pequeño y despreciable.

Piensa por lo tanto que las reformas deben hacerse a medida que las necesiten. Si algo existe seguramente tiene alguna razón, y las cosas que no son necesarias se irán eliminando solas

En conclusión, podemos decir que Ganivet considera que el misticismo tiene profundas raíces en el carácter español, y que su influencia llega a todos los aspectos de su vida, y es la razón de las aparentes contradicciones de su carácter.

VII. "NUESTRO ARTE"

Así como en el artículo anterior el autor ha tratado de presentar la esencia del carácter español y granadino, en "Nuestro arte" enfocará en el aspecto creativo de los intérpretes del arte granadino. Pero lo que Ganivet refleja también en este escrito es su humanismo, su individualismo, su independencia creadora, al mismo tiempo que su amor por la tradición española. Sin embargo, hay que notar que el cauce que sigue, para expresar sus sentimientos sobre el arte granadino, tiene un profundo sentido ecológico.

Ganivet cree que el artista no hace más que reflejar o expresar en su creación lo que su pueblo ya tiene en vivencias, conscientes o inconscientes. Resulta así que el artista no hace más que dar expresión a lo que el pueblo ha concebido en su ser. Claro que en el proceso de la creación artística, la personalidad del artista y el criterio selectivo de sus inclinaciones o deseos naturales está íntimamente ligado al camino que decida seguir. No obstante, hay que tener en cuenta que la energía natural del artista es más poderosa que la de sus propias ideas, es decir, que la creación no nace de su cabeza, sino de todo su ser, de la subjetividad proyectada sobre las cosas. El

97

artista ve en las cosas su propia interioridad, su propia humanidad, y las expresa en forma natural y espontánea.

En su artículo, Ganivet considera que la ciudad, además de sus funciones políticas y administrativas, tiene la misión de "iniciar a sus hombres en el secreto de su propio espíritu." Piensa por lo tanto que el artista, al igual que las plantas, necesita vivir en su tierra para nutrirse de ella. Pero una vez que se ha compenetrado en la vida local, no debe encerrarse en su contemplación. A esta altura de su desarrollo, el artista se enriquece si sale de la estrechez local. Es decir, que debe buscar un balance favorable que permita su mayor expresión estética.

Ganivet piensa que es una pérdida de tiempo el tratar de adoptar un arte extranjero, puesto que resultaría artificial, contrario a la psicología y al medio natural del artista.

Enfocando especialmente en el arte nacional, nota que existe una diferencia entre el arte granadino y el arte español en general. En el artículo anterior nos había dicho que lo español es lo místico, y aquí lo vuelve a señalar aplicado al arte nacional:

> "El arte español es místico en sus inspiraciones más altas, y aun en aquellas formas del arte que menos se prestan al misticismo ha hallado medio de subir hasta él: en las cartas familiares, en el teatro —donde hay géneros puramente místicos, como los autos sacramentales—, en la novela. De la música, de la pintura, de la arquitectura, no hay siquiera que hablar..." (t. I. p. 105)

Sin embargo hay una marcada diferencia entre ese misticismo, por lo común árido, austero, algunas veces obscuro, seco y doctrinal, y el misticismo de los escritores granadinos, fresco, vigoroso y rejuvenecedor. Ganivet presenta sus diferencias de la siguiente manera:

"La entonación didáctica se la sustituye por entonación oratoria; la cita de textos, por el rasgo imaginativo; y la frase austera, por el concepto vivo, apasionado, lleno de bravura, de que hay tantos ejemplos en nuestro padre Granada." (t. I, pp. 105-6)

Hay pues más vida, más naturalidad y más lozanía en el arte granadino. Con bellísimas frases el autor señala la íntima asociación entre la idea mística y la naturaleza de su tierra natal:

"En nuestro arte propio hay siempre, pues, una idea mística en un cuadro de la Naturaleza, y esa idea mística unas veces está directamente expresada y otras se deja traslucir en un soplo de amor, que vivifica hasta lo más pequeño y despreciable. Porque el misticismo no es el éxtasis; es mucho más y mejor; arranca del desprecio de todas las cosas de la vida, y concluye en el amor a todas las cosas de la vida..." (t. I, p. 106)

Este mismo concepto existe en las costumbres y celebraciones religiosas de Granada, y el autor las menciona notando la relación entre la idea mística y la naturaleza del lugar, como por ejemplo el festejo de San Juan "bañándose a las doce de la noche," o de San Antón "yendo a los olivares a comer la cabeza de cerdo."

Otro aspecto del mismo tema se da en los escritores, como Alarcón y Zorrilla. Ganivet, al considerar las contradicciones que existían entre las ideas y las obras de estos escritores, dice que sus ideas negativas no servían para el arte, pensaban con la cabeza, pero creaban con todo su ser y les salía lo que

99

estaba en la sangre. Pero Ganivet ve la necesidad de un equilibrio entre estos dos elementos. Piensa que la decadencia del arte local tiene sus raíces en la falta de balance entre dos fuerzas que lo mantienen, y dice que "debilitadas las ideas, el color local se insubordina y creamos sólo obras para andar por casa."

En general podemos decir que Ganivet ve una íntima asociación entre el artista, su colectividad y su tierra. El artista, al igual que el filósofo, da expresión a las vivencias de su pueblo. Claro que en el proceso de la creación artística la personalidad del artista está unida al desarrollo de su obra. La obra de arte es también como un producto de la subjetividad del artista proyectada sobre las cosas. Por otra parte, el arte granadino en su más alta expresión es místico. Pero su misticismo es vigoroso y lozano. Naturaleza y espíritu se unen en una armonía superior. Y para evitar su decadencia, Ganivet ve la necesidad de un equilibrio personal en el artista. Una concordancia tanto interior como exterior con todos los elementos que le ofrecen la naturaleza y el ambiente en general.

VIII. "¿QUE SOMOS?"

Siguiendo los pensamientos de Ganivet hemos visto que Granada es una ciudad antigua, llena de historia, con una gran fuerza espiritual que impregna todo el ambiente, y que tiene grandes posibilidades para el futuro.

En "¿Qué somos?" el autor considera que el ennoblecimiento de la ciudad debía constituir el centro de la política que tenían que seguir, ya que las ciudades fuertes son el sostén de las naciones serias, y Granada poseía las cualidades básicas para ser un gran centro intelectual y artístico.

Fernández Almagro, en *Vida y obra de Ganivet,* Ed. Sempere, Valencia, pp. 145-6, señala, además de la influencia de Ruskin, la de Nietzsche en las ideas de nuestro autor. Ganivet comparte con Nietzsche el amor por las ciudades libres de la antigua Grecia y las del Renacimiento italiano, que eran centros de vida cultural, activa y fecunda. Así, en *Granada la Bella* busca el mejor modo de convivencia y de armonía general.

Ganivet enfoca por lo tanto en el pueblo, en la ignorancia que predomina en las masas sobre leyes, cuestiones políticas y constitucionales. Y considera que la apatía general del pueblo proviene de su ignorancia. Pero cree que más importante que saber leer es practicar y amar las leyes.

Considerando la intrahistoria del pueblo, observa que la gente sigue viviendo sin prestar atención a los grandes hechos nacionales. Su vida interior es casi ajena a la de la nación en general. Sin embargo tiene una personalidad que les distingue de los otros, y esto se puede notar en las observaciones menudas, "que descubren el alma de las naciones, porque en los grandes hechos rigen leyes que son aplicables a todos" (t. I, p. 111). Nota así, y en forma pintoresca, las características psicológicas y generales que distinguen a las diferentes naciones, como Inglaterra, Alemania y Rusia (t. I, pp. 112-3).

Pero el caso de España y Granada presenta una consideración especial. Ganivet piensa que están en una situación de "interinidad," que necesitan un largo período de reposo legislativo. Pero esta calma no significa inacción, sino el comienzo de una lucha para imponer las libertades municipales, que considera más "reales, tangibles y corpóreas" que las que establecen las constituciones. Y piensa que el combate por la libertad municipal debe comenzar en la misma ciudad que desea vivir su propia vida y disfrutar la libertad de sus acciones. Cree, por lo tanto, que la llave para una vida activa y productiva para los pueblos está en el ennoblecimiento de la ciudad:

"Para mí la clave de nuestra política debe ser el ennoblecimiento de nuestra ciudad. No hay nación seria donde no hay ciudades fuertes. Si queremos ser patriotas, no nos mezclemos mucho en los asuntos de política general. Aquella ciudad que realice un acto vigoroso, espontáneo, original; que la muestre como centro de ideas y de hombres que en la estrechez de la vida comunal obran como hombres de Estado, tenga entendido que presta un servicio más grande y duradero que si enviara al Parlamento una docena de Justinianos y otra docena de Cicerones. Acaso peque yo de iluso en esta materia; pero he vivido en antiguas ciudades libres, que hoy conservan aún gran parte de su libertad, y me enamora su plenitud de fuerza, su concepción familiar de todo cuanto está dentro de los muros, como si éstos fueran los de una sola casa, la fe y confianza del ciudadano en su ciudad." (t. I, pp. 114-5)

Por eso piensa que si Granada consagra sus fuerzas al restablecimiento de la vida comunal, entrará en un renacimiento artístico, al mismo tiempo que hará un gran favor a la nación.

Y con reminiscencias de las ideas de Hipólito Taine, considera que una ciudad que tiene vida propia tiene necesariamente arte propio, como ocurrió con las ciudades de la antigua Grecia, con las de Italia y de los Países Bajos. Ganivet cree que si las ciudades españolas no llegaron a tal grado de desarrollo se debió a que se unieron en nacionalidad. Sin embargo, el autor señala que hay un verdadero mérito y adelanto político en la conservación de las nacionalidades, pero con ciudades libres en su interior, puesto que ellas constituyen verdaderas fuentes de fuerza espiritual y material. Y como grandes centros intelectuales, pueden atraer en forma natural a todas las nuevas comunidades que se formen artificialmente.

Ganivet expresa en este artículo ideas que son antiguas, pero que hoy constituyen una nueva concepción de la ciudad, y en este sentido se le puede considerar un precursor. Sus ideas no tienen solamente importancia desde el punto de vista artístico y cultural, sino también desde el social, económico y político.

IX. "PARRAFADA FILOSOFICA ANTE UNA ESTACION DE FERROCARRIL"

Considerando que el arte es un producto de la constitución ideal de la raza y que la técnica arranca del espíritu territorial, Ganivet trata de señalar las razones que existen para la falta de interés estético en España. Para esto, en "Parrafada filosófica ante una estación de ferrocarril" critica la falta de hombres aptos y preparados para el gobierno de la nación, y el oportunismo de la mediocridad que llena los puestos de responsabilidad.

Comenzando por la arquitectura prosaica de las estaciones de ferrocarril que ha visto en su patria, nota la pobreza de ideas estéticas y la falta de inventiva e imaginación. Pero piensa que no es necesario mucho dinero para tener estaciones de ferrocarril de acuerdo con el espíritu local, lo que hace falta es buen gusto. Países como Francia y Bélgica cayeron en un principio en el mismo error que los españoles, pero se dieron cuenta y confiaron el diseño de las estaciones a famosos artistas.

Nuestro autor considera las estaciones de ferrocarril porque son la entrada obligada de las ciudades y son las causantes de

104

la primera impresión local. Piensa por lo tanto que las estaciones deben ser parte del espíritu o del carácter de la ciudad:

"El viajero que llega a Granada y lo primero que descubre es una estación, como muchas otras que ha visto, sin la menor huella de nuestro carácter o de lo que él se figura que debe ser nuestro carácter, piensa en el acto que está en un pueblo donde por casualidad se encuentra la Alhambra; y como después en el interior no recibirá otras impresiones capaces de destruir esta primera, nos abandonará convencido de que somos pueblo por los cuatro costados." (t. I, p. 118).

Vemos entonces que para Ganivet la ciudad tiene un espíritu que todo lo modela y dignifica. Esto es en realidad un concepto ecológico, ya conocido en las obras de Hipólito Taine, tales como *Historia de la literatura inglesa* (1864) y *La filosofía del arte* (1865).

Enfocando en Alemania, Ganivet observa que en ese país la ciencia y el arte estéticos formaron un cuerpo de doctrina independiente, y nota la cantidad de autores alemanes que se dedicaron a ella. Pero, desde el punto de vista práctico, se puede observar la aplicación de esta preocupación estética en la arquitectura de las ciudades y naturalmente en sus estaciones de ferrocarril. El autor cree que son verdaderas obras de arte y que armonizan admirablemente con la ciudad. Así, considera que todo elemento extraño a las costumbres de la ciudad, y que necesita una estructura arquitectónica, debe someterse al espíritu del lugar. Por lo tanto, "si la ciudad es gótica, que la estación de ferrocarril sea gótica; y si es morisca, morisca."

De ese modo, en descripciones llenas de colorido, pasa revista a las diferentes estaciones de ferrocarril de Europa, hasta que

105

vuelve a España, y trata de buscar la causa de la falta de ideas estéticas, de inventiva y de imaginación.

Piensa que la causa es antigua y está en lo que la sociedad llama "el hombre de conocimientos generales." En realidad es un eufemismo para encubrir la audacia y la ignorancia de hombres que tienen a su cargo los negocios públicos del Estado. El autor cree que este tipo de hombre, que pasa por listo, aparece en las postrimerías de la casa de Austria, en el período de la decadencia española. Ganivet lo describe utilizando las palabras de lord Macaulay: "ignorante y vano, indolente y orgulloso, viendo hundirse su nación y creyendo detener el derrumbamiento con una mirada despreciativa y altanera." (t. I, p. 121)

Reflexionando sobre la decadencia, cree que estos hombres decorativos la precipitaron, y que no habría sido tan completa si hubiesen puesto frente a los negocios del Estado a hombres de valor real, que seguramente debían tener en ese tiempo. Pero dice que esa especie de hombre que arruinó al país no desapareció todavía, existe pero transformada. Como su ignorancia es grande y no puede ni trabajar de aprendiz, se declara audazmente "maestro en el arte de gobernar" y candidato para los altos cargos del Estado. De este modo se establece el mal que sufre España y que es la incapacidad política y administrativa. El país necesita por lo tanto hombres creativos, inteligentes, hombres de calidad superior, cuyas ideas puedan ser utilizadas en los lugares más altos. La estación de ferrocarril refleja, como un símbolo, la pobreza de ideas estéticas e imaginativas que predomina en la nación.

Es evidente que la preocupación de Ganivet es la pasividad, la falta de ideas y fuerza creativa en sus compatriotas. Y por medio de su crítica pretende dar ánimos a los que tienen ideas mejores para que las expresen. Esa falta de fuerza creadora se podría diagnosticar como una faceta de la abulia que tratará luego la Generación de 1898, y de la cual es Ganivet su precursor.

X. "EL CONSTRUCTOR ESPIRITUAL"

Para Ganivet el arte tiene vitalidad, puesto que arranca de la entraña del artista y de su colectividad, y muestra su interioridad. A lo largo de los años sabemos que las ideas cambian, que los hombres cambian, pero la naturaleza que enlaza a los hombres con las cosas es siempre la misma. De ahí que la expresión artística deba ser natural para ser verdadera. Existe por lo tanto un supuesto de espontaneidad. Si hay algo que se quiere expresar, debe expresarse directamente, con naturalidad, y si hay mérito humano en lo expresado tendrá valor. El autor piensa que la naturalidad y la espontaneidad son condiciones artísticas indispensables en lo típico.

Y el mismo Ganivet practica lo que predica. En un artículo anterior, "Nuestro carácter," nos da su método de creación artística al referirse a la redacción del *Idearium español:* "Ver, oír, oler, gustar y aun palpar; esto es, vivir, es mi exclusivo procedimiento; después esas sensaciones se arreglan entre sí ellas solas, y de ellas salen las ideas; luego con esas ideas compongo un libro..." (t. I, p. 101).

"El constructor espiritual" trata sobre el esteticismo ambiental de Granada y sus factores. Así, observa en ese artículo que para llegar hasta la esencia íntima de una ciudad, no hay mejor camino que ver sus creaciones espontáneas, puesto que en las adaptaciones extranjeras el espíritu se encasilla y no se expresa libremente. El autor al reflexionar sobre las creaciones espontáneas nota que son las más económicas, puesto que lo costoso "es lo artificial de la vida." Es así, entonces, como lo típico es siempre lo primitivo, ya que es lo primero que hacen los hombres al tomar posesión de la tierra que habitan. Pasando revista a los diferentes países, observa que los rasgos típicos de cada uno de ellos dependen de las circunstancias ambientales y climáticas, como por ejemplo el trineo en Rusia.

De este modo, Ganivet enfoca en Granada y en la magnífica vegetación de su tierra. Considera que el primer impulso de los primitivos pobladores fue utilizar las plantas y las flores en un enlace armonioso con las construcciones, dando así un rasgo típico a la ciudad. Piensa que en la arquitectura es importante reconocer la realidad del lugar, y su carácter depende de ese reconocimiento.

Sin embargo, el autor señala que la huerta típica de Granada es la huerta humilde, y que su casería es sobria y adusta, pero como si guardara una sorpresa, el carmen es como "una paloma escondida en un bosque." Lo mismo se podría decir de las casas antiguas de la ciudad, construcción "de mucha fachada y poco fondo: era casa de patio." Desde el punto de vista decorativo, cree que lo más audaz que hicieron fue la reja, la ventana o balcón adornados con macetas de plantas llenas de flores. Y piensa que hay más belleza en la mujer que riega esas plantas y en el hombre que blanquea las paredes de su casuca, que en los palacios de estilos extranjeros estudiados en los libros.

Recordando las exposiciones extranjeras que visitó, nota que encontró cuadros en los que reconoció inmediatamente que eran de Granada por los rasgos típicos: "Calles estrechas, quebradas; las casas de planta baja con parral a la puerta, con enredaderas en la ventana, con tiestos en el balcón y entre ellas, blancos tapiales por los que rebosa la verdura." (t. I, pp. 126-7)

Pero Ganivet se da cuenta de los cambios que la ciudad está sufriendo y la falta de estética que predomina en las transformaciones. Así van desapareciendo el patio andaluz para dar lugar a la portería, y las salas bajas para acomodar al comercio menudo, "obligando a los ciudadanos a pasar los meses de calor en los pisos altos y en ropas menores." Sin embargo, cree que el problema que tienen que solucionar no es estético ni higiénico, en realidad es un problema de economía. La culpa es de la gente que quiere ganar dinero encargando a los arquitectos construcciones que cuesten poco y que den mucha renta. Los arquitectos son así nada más que acomodadores de los especuladores de alquileres. Y no tienen más remedio que poner muchas personas en muy poco espacio.

Considerando los diferentes factores que contribuyen a la aceptación de esta nueva modalidad en la vida de Granada, Ganivet acusa a las mujeres de ser las más grandes propagandistas. Piensa que las mujeres en su deseo de casarse creen que simplifican la situación, y en lugar de vivir en una casa se mudan a un piso: "una casa exige muchos trastos, es cosa formal; y hoy todo debe hacerse a la ligera, provisionalmente." Y de ese modo el "pisito" es considerado como un bello

110

ideal, sin darse cuenta que son ellas las que pierden; pues la casa ayuda a realzar el estetismo de la vida de la mujer en sus diferentes actitudes o capacidades. Como hombre y como un escritor amante de lo bello, Ganivet nota que en las casas antiguas la mujer es como una galería de mujeres en diferentes situaciones:

> "En las casas antiguas, una mujer es una galería de mujeres; cuando está en las salas bajas, recuerda los tiempos en que la reja era reina y señora de nuestras costumbres; en los patios, meciéndose en el balancín, toma matices orientales; en los salones grandes y destartalados, parece una figura arrancada de un viejo tapiz; asomada a lo alto de una torre, trae a la memoria la época de los castillos y las castellanas. Y nosotros, que tenemos en las venas sangre de árabes, de polígamos, nos forjamos la ilusión de que una mujer es un harén, y vivimos, si no felices, muy cerca de la felicidad.

Mediten las mujeres." (t. I, pp. 128-9)

Se puede decir que el autor, fuera de las implicaciones claramente ecológicas que nos presenta, está dando una voz de alarma a las mujeres sobre la pérdida de la calidad estética de la vida, y de su propio encanto, al querer vivir en un espacio reducido en donde se aglomeran y atropellan cosas y personas, y que recibe el nombre de "pisito."

XI. "MONUMENTOS"

A lo largo de los diferentes artículos que componen *Granada la Bella,* hemos notado que Angel Ganivet tenía una clara conciencia de su época y una extraordinaria dinamicidad que trataba de ir más allá de su tiempo, más allá de las cosas perecederas y llegar a la esencia de todo lo que le rodeaba. Su fino espíritu penetraba hasta lo más profundo de la experiencia estética y nacía del modelo ideal que tenía de la obra de arte. Así, en "Monumentos" nos da sus recomendaciones para una Granada bella e ideal.

Considerando sus experiencias en el extranjero, Ganivet piensa que toda idea de ensanche, para dar mejor vista a un monumento artístico, debe subordinarse al conocimiento de la perspectiva. Recuerda de ese modo las sorprendentes vistas de la catedral de Amberes, según los diferentes ángulos por donde se la mire. Indica, igualmente, que los monumentos góticos se ven mejor cerca de la base, "porque sus líneas se unen siempre en un punto ideal del espacio," mientras que los del Renacimiento hay que mirarlos desde lejos, "para abarcar toda la amplitud de sus proporciones." Juzga por lo tanto que se debe tener cuidado con los que recomiendan ensanches y modificaciones para dar mejor vista a las iglesias o catedrales.

Reflexionando sobre los monumentos antiguos que quedaron sin terminar, cree que hay cierta belleza en ellos, en el esteticismo que nace de su fondo arquetípico. Entre otras cosas, observa que es mejor no encasillar al ideal. Un fragmento basta muchas veces para imaginar la obra entera. Y con fina percepción artística dice:

> "¿Qué importa lo material, que al fin ha de morir? Basta que por un fragmento nos dejen adivinar toda la obra. Lo esencial del verdadero arte se afirma con más fuerza cuando subsiste en las ruinas de la obra y se agarra desesperadamente al último sillar que formó parte del monumento, a la última estrofa, mutilada, que se salvó al perecer el poema; a un pedazo de lienzo que se libró al destruirse el cuadro. ¡Cuán diferente el arte de nuestros días, arte de coleccionistas y de baratilleros!" (t. I, p. 132)

Ganivet observa que los gustos por diferentes tipos de edificios monumentales cambian según las épocas. Comparando los del pasado con los de su tiempo, nota que van de lo espiritual a lo material. El énfasis lo ponen en un Banco, una cárcel modelo, un cuartel o un tribunal de justicia. En realidad, la lucha por la vida sigue igual, pero la antigua espiritualidad va desapareciendo. Ya no se hacen edificios monumentales con una iglesia, un convento o una casa comunal.

En lo referente a las estatuas, el autor cree que deben ser cuidadosamente proyectadas, puesto que existen dos perspectivas diferentes: una para la ejecución técnica de la obra de arte y otra para la composición. Para explicar el problema, considera que los pueblos siempre respetan a sus hombres por lo que

113

han representado. Así, en su época, se honran con estatuas a hombres que representan "héroes de la organización y de la fuerza," mientras que en las estatuas antiguas se nota que honraban a los "héroes de la ciencia o del arte." Deduce así que las ideas preceden a la fuerza, pero la fuerza se hace notar antes que las ideas:

> "Para que un pueblo conozca lo que un organizador o un guerrero han representado, no se necesita que transcurra mucho tiempo; y para que aprecie lo que representaron los hombres de ideas, han de pasar varios siglos. Existe, pues, una perspectiva para la ejecución técnica de las obras de arte y otra perspectiva para su composición; y esta última no está en los libros ni en la percepción, sino que es obra del tiempo, en el cual la fuerza va hundiéndose y la idea levantándose." (t. I, p. 133)

Piensa por lo tanto que se deberían hacer monumentos solamente para honrar lo que el paso de los siglos les señale como digno de conmemoración. Mientras tanto podrían seguir el ejemplo de Francia, poniendo modestos bustos en plazas y jardines públicos. Estatuas pequeñas, temporarias, como el germen para un monumento futuro.

Desde el punto de vista estético, cree que Granada no necesita muchos monumentos, puesto que su fama deriva de la Alhambra. Sin embargo, piensa que es necesario romper la monotonía de la ciudad moderna con núcleos de diferente carácter. Considera por lo tanto que las plazas, las calles y los paseos deben tener un aire propio, un espíritu local armonioso. Para esto, Ganivet propone un programa de estímulos, de premios y concursos, para embellecer la ciudad y sacarla de la infecunda monotonía que forma pueblos vulgares.

Siendo la Alhambra lo más hermoso y artístico de Granada, piensa que el carácter monumental de la ciudad debe ser el arábigo. Pero al reflexionar sobre la Alhambra, observa que los extranjeros no la comprenden: "La idea universal es que la Alhambra es un edén, un alcázar vaporoso, donde se vive en fiesta perpetua. ¿Cómo hacer ver que ese alcázar recibió su primer impulso de la fe, siempre respetable, aunque no se comulgue en ella, y fue teatro de grandes amarguras, de las amarguras de una dominación agonizante? El destino de lo grande es ser mal comprendido: todavía hay quien al visitar la Alhambra cree sentir los halagos y arrullos de la sensualidad y no siente la profunda tristeza que emana de un palacio desierto, abandonado de sus moradores, aprisionado en los hilos impalpables que teje el espíritu de la destrucción, esa araña invisible cuyas patas son sueños." (t. I, pp. 136-7).

En efecto, el bello ideal de Granada está en su pasado, en la nostalgia de los hombres que labraron su espíritu, que pusieron en las piedras sus sueños, sus ansias, junto con la poética melancolía que da la temporalidad de la vida.

XII. "LO ETERNO FEMENINO"

El último artículo de *Granada la Bella* trata sobre los derechos de la mujer, el deseo de integrarla a las actividades generales de la sociedad española, y el reconocimiento de que su
presencia puede contribuir a una mayor belleza y armonía
ambiental. Las ideas que expresa sobre la mujer en 1896 están al día de más de tres cuartos de siglo después. Pero hay
que tener en cuenta que además de presentar un notable antecedente de la ideología contemporánea sobre los derechos fe-
meninos, tiene un contenido humanista. Ganivet ve la necesidad de una naturalidad en las relaciones humanas. Su concepción de una sociedad sana y atractiva requiere la armonía
general de todos sus componentes.

El autor comienza "Lo eterno femenino" con el bosquejo de
una tesis que muestra su espíritu andaluz en la espontaneidad
y gracia en el decir:

> "Supuesto que somos pobres y que no podemos adornar
> nuestra ciudad con monumentos de gran valor artístico, y
> supuesto que tenemos unas mujeres que son monumentos
> vivos, cuya construcción nos sale casi de balde, ¿no habría
> medio de dar suelta a estas mujeres, de desparramarlas por

toda la población, para que ellas, con su presencia, nos la engalanaran y embellecieran?" (t. I, p. 138).

Pero recordemos que el autor está escribiendo desde Helsingfors, y esto le permite un rápido contraste entre el ambiente del Norte y el de Andalucía. Así nota que a medida que va hacia el Norte las ciudades le parecen más tristes debido a la nieve, la neblina y la vegetación casi moribunda, pero también nota que la gente está más animada y alegre. Ganivet cree que esto se debe a que las mujeres están en todas partes por derecho propio, como los hombres; así en los cafés y restaurantes como en el comercio. Y en forma rápida y brillante nos da una visión bastante completa de las actividades de las mujeres:

"A cualquier hora del día o de la noche entran y salen, van y vienen solas o con compañía. En la Universidad hay matriculadas más alumnas que alumnos, y por calles y paseos se ven bandadas de muchachas con sus libros bajo el brazo, que en unión de sus compañeros van a sus clases o vienen de ellas; hay licenciadas y doctoras en todas las profesiones; todo el comercio de mostrador está en poder de las mujeres; están en Correos, Aduanas, bancos y escritorios; hay barberías femeninas. En suma: el sexo es un accidente que no influye más que en el vestir y en la elección de algunos oficios que por su naturaleza exigen, ya la delicadeza de la mujer, ya la fuerza del hombre." (t. I, p. 139)

Se puede decir que Ganivet, tomando el ejemplo nórdico, predica directamente la libertad profesional para las mujeres y su independencia en general. Piensa que ella debe ser la dueña de su propio destino.

Considerando sus propias experiencias en Helsingfors, y la accesibilidad que presentan los diferentes oficios y profesiones

de las mujeres de ese lugar para un seductor, Ganivet concluye que la misma libertad que tienen impide que tengan seduc-
tores. Es una sociedad que no permite esas gracias ni las
aplaude. Y recordando al Don Juan español dice: "Donde no
hay cerrojos que quebrantar, no balcones que escalar, ni ter-
ceras personas que sobornar, ni vigilancia que burlar, no
puede vivir Don Juan Tenorio."

Además del interés estético, hay en Ganivet un interés humanista en el deseo de integrar a la mujer española en el panorama de su patria. Desea que sirvan de balance y "contribuyan
a formar la vida íntegramente humana, tan diferente de la vida de cuartel, para hombres solos", que ellos arrastran sin
darse cuenta.

Sin embargo, hay que notar que el autor hace una distinción
entre las mujeres casadas cuya responsabilidad es la conservación de la familia, y las mujeres que no se casan y desean vivir de su trabajo. Ganivet enfoca especialmente su atención
en las últimas, y a ellas dirige sus palabras. Pero los españoles
no se libran de su crítica. Les considera culpables del atraso
de la mujer en general, contribuyendo a esto el oculto desprecio que sienten hacia ellas y la desconfianza con respecto a su
honestidad.

Cree que la vida en las ciudades es más bella cuando la mujer
es la compañera del hombre en todas sus actividades. Pero
para que las españolas cambien sus costumbres y tengan más
libertad es necesario que comiencen por emplearse en el comercio. Piensa que muchas nociones técnicas se pueden
aprender en la práctica de la misma profesión. Ganivet quiere
que las mujeres jóvenes se preparen para vivir por cuenta propia sin esperarlo todo del hombre. Quiere que sean dueñas de

su destino. Y hasta ve en esto "una promesa de poesía futura: la de la mujer con voluntad, con experiencia, con iniciativa, con espíritu personal suyo formado por su legítimo esfuerzo" (t. I, p. 145).

Como vemos, el autor no es solamente un defensor de la mujer, ve en ella un elemento necesario para la armonía del ambiente, y por lo tanto desea su integración en el panorama de la ciudad. Pero además hay un sentimiento humanista en el deseo que la mujer tenga su fin en sí misma y que lo haga sola o acompañada.

Por los diferentes temas e ideas que desarrolla *Granada la Bella*, podemos decir que es un libro único. Su modernidad se nota en el tratamiento de la ecología, la conservación de las nacionalidades, la emancipación de la mujer, y las ciudades libres, como focos de vitalidad. Si bien guía al autor el amor a su ciudad nativa y el deseo de conservarla, el esteticismo que ve en lo típico de Granada, y en las obras artísticas de su pasado, le hacen buscar el significado de su personalidad, de su vida íntima, y desdeñar los artificios de la civilización. Al igual que Unamuno con Castilla, Ganivet busca en Granada la razón de su carácter, de su psicología y de su arte. Y al igual que Hipólito Taine observa la armonía que hay entre las manifestaciones vitales y el arte del mismo pueblo.

AZORIN
LA RUTA DE DON QUIJOTE

José Martínez Ruiz (Azorín) también sintió la influencia de la corriente determinista que se hacía sentir por Europa a fines del siglo XIX. Las lecturas de autores franceses, y especialmente las obras de Hipólito Taine, hicieron que Azorín sintiera un cierto gusto por las ideas deterministas y su aplicación en el método de la crítica literaria.

Observando el desarrollo de su ideología, vemos que en el discurso pronunciado en el Ateneo Literario de Valencia en la sesión del día 4 de febrero de 1893, con el título de "La crítica literaria en España," ya señala la tendencia determinista en la crítica literaria española, considerando como precursor al francés Emile Zola. Y, sin imaginarse todavía que su propia Generación de 1898 llevaría la antorcha de la nueva doctrina artística, dice: "Pues bien: la crítica también realiza sus progresos. De Larra a Clarín media un espacio inmenso, que no se puede llegar a comprender sin estudiar detenidamente estos adelantos. En tiempos del primero, el arte era retórico; hoy se va haciendo científico... ¡El arte-ciencia! ¡Ah señores! Una gran revolución se está preparando en la literatura europea; estamos abocados a una gran alborada del espíritu humano... ¿Quién será el Mesías de la nueva doctrina artística?

Contentémonos con saber quién es el Bautista, quién es el precursor: Emilio Zola."[1] (*Obras Completas,* t. I, p. 25).

El mismo Azorín aplica el método científico en su estudio de Leandro Fernández de Moratín en 1893. Para esto divide el folleto en tres capítulos: "Su tiempo," "Su vida" y "Su obra," y señala en el "Preámbulo" la importancia que tiene el medio social en que vivió el autor para la apreciación de sus obras.

Sin embargo, es en *La evolución de la crítica* (1899) en donde, al discutir las diferentes escuelas europeas de crítica literaria, muestra su familiaridad con las ideas deterministas de Taine y la sistematización de su teoría. Así, señalando la gran popularidad del autor francés y el entusiasmo que siente por su método, dice Azorín en el Capítulo III:

"¿Quién no conoce la labor maravillosa de Hipólito Taine? Sus libros son populares en todo el mundo, porque Taine ha sido el más portentoso divulgador de ideas científicas. En su *Historia de la literatura inglesa* y en *La filosofía del arte* se halla toda su estética.

Taine no estudia la obra, estudia el medio. Y para que comprendamos el genio de Cellini, nos pinta su carácter arrebatado y violento, las costumbres italianas de aquel tiempo, el medio social, en fin, en que tal artista se movió; del

---

[1] Para los trabajos de Azorín utilizaremos las *Obras Completas,* publicadas por Aguilar, 1959, segunda edición, y las referencias a sus páginas se darán directamente señalando el tomo y el número correspondiente.

mismo modo que para que admiremos la pintura flamenca describe el brumoso país de Flandes, con sus campos fecundos y su velado ambiente, sus habitantes reposados y glotones, sus mujeres carnosas y opulentas, Grecia, Italia, los Países Bajos, Inglaterra..., surgen y reviven por un momento a efecto de su pluma deslumbradora. Nada de reglas, nada de dogmas, nada de estética empalagosa y huera; la crítica de Taine es una resurrección histórica, una novela, un panorama pintoresco de tipos y escenas que pasaron." (t. I, p. 422)

Azorín, al igual que Taine, va a considerar que la obra artística es un producto del medio, y que un trabajo artístico de una región es diferente al de otra región.

Pero es en *La voluntad* (1902) en donde aplica mejor las ideas deterministas y señala la importancia que el medio tiene en el hombre. Esta ideología se presenta con la misma intensidad en las otras dos obras de la trilogía: *Antonio Azorín* (1903) y *Las confesiones de un pequeño filósofo* (1904). Sin embargo, hay que notar que durante esta época las ideas deterministas de Azorín están reforzadas por el hecho de ser el mismo autor el protagonista de sus libros, y por la peculiar manera que tiene de relacionar su pensamiento con el de otro autor del pasado. Dualismo que ya fue señalado por Doris King Arjona en su estudio "La voluntad and abulia in contemporary Spanish ideology," *Revue Hispanique*, Paris, LXXIV (1928), no. 166, p. 632.

Claro que es en la observación de la Naturaleza y de las cosas menudas en donde esta peculiaridad de Azorín se hace más notable, puesto que le recuerdan la "inmensidad del tiempo y el sucederse inacabable, eterno de los hombres y de las cosas," tomando de ese modo una actitud meditativa frente al misterio del universo y al destino del hombre.

125

Sin embargo, Azorín es capaz de revivir el pasado con el propósito determinado de buscar la esencia de España. La producción de Martínez Ruiz en este sentido es muy grande, pero uno de los libros más representativos para nuestro estudio es quizá *La ruta de Don Quijote* (1905).[2] Aquí, aplicando las ideas de Taine, trata de buscar en el clásico escenario de don Quijote el espíritu de España, relacionando el pasado con el presente.

[2] Los quince capítulos de *La ruta de Don Quijote* fueron originariamente comisionados por el diario *El Imparcial* de Madrid, y publicados en ese diario en el periodo comprendido entre el 4 y el 25 de marzo de 1905, como parte de la celebración de los trescientos años de la publicación de *Don Quijote* de Cervantes. El primer artículo, que apareció el 4 de marxo, estaba precedido por la siguiente nota editorial: "El notable escritor Azorín colabora desde hoy en las columnas de *El Imparcial*. Hoy sale de Madrid para describir el itinerario de Don Quijote en una serie de artículos que seguramente aumentarán la nombradía del original humorista." Unos meses después, en 1905, Azorín publicó los artículos en forma de libro, agregando un capítulo final.

I. "LA PARTIDA"

Generalmente se considera al *Don Quijote* de Cervantes como una fuente principal de inspiración para la Generación de 1898. Las interpretaciones que se han hecho del famoso caballero fueron muchas y variadas. Una de las más conocidas es la de Miguel de Unamuno, en *Vida de Don Quijote y Sancho,* que constituye en realidad la base para su obra *Del sentimiento trágico de la vida.* Pero en el caso de Azorín la interpretación no es tanto del personaje como lo es del ambiente, en donde el determinismo está usado artísticamente, en forma deliberada. Se puede decir también que una nota peculiar es la proyección de su propia personalidad y sensibilidad en la visión que nos da de la Mancha. Su intención es sin duda más artística que científica, como lo implica la observación que hace al lector: "Lector, perdóname; mi voluntad es serte grato: he escrito ya mucho en mi vida; veo con tristeza que todavía he de escribir otro tanto. Lector, perdóname; yo soy un pobre hombre que, en los ratos de vanidad, quiere aparentar que sabe algo, pero que en realidad no sabe nada." (t. II, pp. 248-9).

En *La ruta de Don Quijote,* el mismo Azorín que ya conoce-

mos en *Las confesiones de un pequeño filósofo* participa
como personaje, proyectando su propia monotonía y soledad,
y comunicando al lector su propia emoción, junto con la deta-
llada y sensitiva realidad física:

> "...me siento, con un gesto de cansancio, de tristeza y de
> resignación. La vida. ¿es una repetición monótona,
> inexorable, de las mismas cosas con distintas apariencias? Yo
> estoy en mi cuarto; el cuarto es diminuto; tiene tres o cuatro
> pasos en cuadro; hay en él una mesa pequeña, un lavabo, una
> cómoda, una cama. Yo estoy sentado junto a un ancho balcón
> que da al patio; el patio es blanco, limpio, silencioso. Y una
> luz suave, sedante, cae a través de unos tenues visillos y baña
> las blancas cuartillas que destacan sobre la mesa.
>
> Yo vuelvo a acercarme a la puerta y torno a gritar:
>
> —¡Doña Isabel! ¡Doña Isabel!
>
> Y después me siento otra vez con el mismo gesto de can-
> sancio, de tristeza y de resignación. Las cuartillas esperan in-
> maculadas los trazos de la pluma; en medio de la estancia
> abierta, destaca una maleta. ¿Adónde iré yo, una vez más,
> como siempre, sin remedio ninguno, con mi maleta y mis
> cuartillas? Y oigo en el largo corredor unos pasos lentos,
> suaves. Y en la puerta aparece una anciana vestida de negro,
> limpia, pálida." (t. II, pp. 245-6)

Constantemente obsesionado por el paso del tiempo, el presente no le satisface y añora el pasado. Un suspiro de doña
Isabel, acompañado por un "¡Ay Señor!," le da oportunidad,
como lo ha hecho en *Las confesiones de un pequeño filósofo*, de buscar el espíritu de la España castiza. Y en una serie
de preguntas que se hace, refleja, como en una galería de cuadros, la vida y el paisaje de su patria.

Azorín ha decidido salir de Madrid y seguir la ruta de don Quijote, piensa ir a los pueblos de la Mancha. Y como si ya hubiese una identificación con el caballero manchego, doña Isabel, al igual que el cura y el barbero del libro del ingenioso hidalgo, desea quemar los libros de Azorín:

> "—Yo creo, Azorín, que esos libros y esos papeles que usted escribe le están matando. Muchas veces —añade sonriendo— he tenido la tentación de quemarlos todos...." (t. II, p. 246)

Azorín, como don Quijote, siente que tiene que realizar una misión sobre la tierra, y en su caso es escribir, buscar una aventura literaria para poner en sus cuartillas.

Sin embargo, frente a su propio tedio y al deseo de buscar una ilusión que le aliente, Azorín reflexiona asociando su propia vida con la del personaje literario, pero sus pensamientos tienen reminiscencias de Schopenhauer y de Nietzsche:

> "¿Es displicencia? ¿Es tedio? ¿Es deseo de ser algo mejor que no sé lo que es, lo que yo siento? ¿No acabará nunca para nosotros, modestos periodistas, este sucederse perdurable de cosas y cosas? ¿No volveremos a oír nosotros, con la misma sencillez de los primeros años, con la misma alegría, con el mismo sosiego, sin que el ansia enturbie nuestras emociones, sin que el recuerdo de la lucha nos amargue, estos cacareos de los gallos amigos, estos sones de las herrerías alegres, estas campanadas del reloj venerable que entonces escuchábamos? ¿Nuestra vida no es como la del buen caballero errante que nació en uno de estos pueblos manchegos? Tal vez nuestro vivir, como el de don Alfonso Quijano, el Bueno, es un combate inacabable, sin premio, por ideales que no veremos realizados..." (t. II, p. 248)

Así, relacionando su vida con la de don Quijote, Azorín ve en la "figura dolorosa" del personaje de Cervantes el símbolo y el espejo de España.

El también, un representante de la España de su tiempo, recorrerá, con su maleta de cartón y su capa, el mismo camino que el hidalgo manchego.

II. "EN MARCHA"

Azorín, ya en Argamasilla de Alba, y mirando retrospectivamente su viaje, tiene la oportunidad de recapitular sus experiencias y sus emociones.

Artísticamente, comienza con su partida de Madrid, al amanecer. Su visión tiene aquí tintes ecológicos, al considerar que "las grandes urbes modernas nos muestran todo lo que tienen de extrañas, de anormales, tal vez de antihumanas." Así observa la frialdad y la impasibilidad de las fachadas altas, su simetría en los balcones cerrados, y los ángulos y las esquinas que se perfilan al clarear el cielo.

Pero, contrastando con esta impasible frialdad, recuerda el despertar del día en la estación del ferrocarril. Allí, en la estación, hay simpatía, hay vida. El autor nos transmite la emoción de la expectativa del nuevo día desde el momento en que los focos se apagan para dejar que predominen los resplandores rojizos de la aurora. Y con esto comienza la ola humana a entrar, entre el tumulto de los mozos con sus carretillas, entre gritos y chirridos. Mejor que en ninguna

131

parte, Azorín siente en la estación el despertar diario a la vida
"inexorable y cotidina."

Pero nuestro autor, como ya lo ha hecho Unamuno y
Ganivet, se da cuenta de que existe una intrahistoria en la
vida y en los pueblos, y con sorpresa se entera que
Argamasilla de Alba es "Cinco Casas" para los nativos del
lugar, y así nos dice:

> "...Vosotros sois ministros; ocupáis los gobiernos civiles de
> las provincias, estáis al frente de los grandes organismos
> burocráticos, redactáis los periódicos; escribís libros; pronun-
> ciáis discursos; pintáis cuadros; hacéis estatuas..., y un día os
> metéis en el tren, os sentáis en los duros bancos de un coche
> de tercera y descubrís —profundamente sorprendidos— que
> 'todos' no sois vosotros (que no sabéis que Cinco Casas da
> lo mismo que Argamasilla), sino que 'todos' son Juan,
> Ricardo, Pedro, Roque, Alberto, Luis, Antonio, Rafael,
> Tomás, es decir, el pequeño labriego, el carpintero, el
> herrero, el comerciante, el industrial, el artesano. Y ese día
> —no lo olvidéis— habéis aprendido una enorme, una eterna
> verdad..." (t. II, pp. 250-1)

Ya en el tren, sus descubrimientos continúan. Como en el
eterno retorno de Nietzsche, los ojos brillantes de un pobre
hombre acurrucado y embozado en una capa raída le recuerdan algunas figuras de Goya. Luego al entablarse una conversación entre dos compañeros de viaje, un manchego y un
andaluz, observa la influencia que tiene el ambiente y el clima
nativo en la idiosincrasia de los individuos, y con cierta im-
plicación ecológica observa:

> "...Y lo primero que yo descubro es que este hombre
> hermético tiene frío; en cambio, mi compañero no lo
> tiene. ¿Comprendéis los antagonismos de la vida? El viajero

embozado es andaluz; mi flamante amigo es castizo manchego.

—Yo —dice el andaluz— no he encontrado en Madrid el
calor.

—Yo —replica el manchego— no he sentido el frío. ,
He aquí —pensáis vosotros, si sois un poco dados a las
especulaciones filosóficas—; he aquí explicadas la diversidad
y la oposición de todas las éticas, de todos los derechos, de
todas las estéticas que hay sobre el planeta." (t. II, p. 251)

El paisaje también le impresiona y le produce asociaciones de
ideas. De ese modo relaciona artísticamente la sombría visión
de alguna tosca cruz de piedra, en esa "llanura solitaria,
monótona, yerma, desesperante," con el lugar de una muerte
o una tragedia.

Pero ya cerca de la tierra de don Quijote, y como en un
preludio, nota alguno que otro molino, cuyas aspas se mueven
"locamente." Y al pasar por Alcázar, ve molinos "vetustos,
épicos," que giran y giran en un ritmo acelerado, como indicando que ya va llegando a su destino: "—¡Argamasilla,
dos minutos!"

Desde el momento que llega a la estación, su imaginación
corre sin control. Una dama enlutada, esbelta y distinguida,
que sale de la estación, desata su fantasía y lo transporta a un
sueño.

Sin duda, Azorín ya tiene su sensibilidad entornada o
preparada psicológicamente para interpretar la tierra de don
Quijote. No en vano, ya cerca de la hora de la cena, dice en la

fonda de Xantipa, cual si fuese el hidalgo cervantino:
"—Señoras mías, escuchadme un momento. Yo les
agradecería a vuestras mercedes un poco de salpicón, un poco
de duelos y quebrantos, algo acaso de alguna olla modesta en
que haya más vaca que carnero." (t. II, p. 253).

III. "PSICOLOGIA DE ARGAMASILLA"

Haciendo de cicerone, Azorín lleva al lector a la Argamasilla
de Alba de 1570, 1572 o 1575. Y una serie de preguntas
muestra la preocupación del autor por saber por qué don
Alonso Quijano aparece en Argamasilla de Alba y no en otro
lugar. Así, con un escenario establecido de interés y ex-
pectación comienza su exploración en el pasado de esa ciudad
y en la psicología de sus pobladores.

Frente a la investigación establece una actitud determinista y
con tono profesional dice: "Todas las cosas son fatales,
lógicas, necesarias, todas las cosas tienen una razón poderosa
y profunda. Don Quijote de la Mancha había de ser for-
zosamente de Argamasilla de Alba. Oídlo bien; no lo olvidéis
jamás: el pueblo entero de Argamasilla es lo que se llama un
pueblo andante. Y yo os lo voy a explicar." (t. II, p. 254).

De ese modo, y partiendo de la idea de que don Alonso vivió
a mediados del siglo XVI y que Cervantes escribió el libro
después de la muerte de este caballero, Azorín enfoca su atención en las escribanías y estadísticas de la época.

Transportados a la escena, nos enteramos que Felipe II había ordenado un informe sobre la villa de Argamasilla, y que una Comisión se formó después de algunas visicitudes para redactar el informe todavía inédito entre las "Relaciones topográficas" pedidas por el rey. Basado en ese informe, Azorín nos da la historia de esa villa fundada por Diego de Toledo (de la casa de Alba) y prior de San Juan. Así sabemos que debido a una serie de epidemias entre 1555 y 1575, el pueblo tuvo que cambiar de lugar más de una vez, produciendo entre sus habitantes un estado enfermizo, debido a la inquietud nerviosa producida por el pánico y la angustia.

Azorín considera que este ambiente de hiperestesia sensitiva tendría naturalmente que influir en los hijos de esta gente, originando en ellos cierto desasosiego y el anhelo por algo que ellos mismos ignoraban. Así, siguiendo las informaciones de la época, el autor observa que este estado psicológico produce pleitos y contiendas entre los habitantes de la villa. Y tomando una actitud retórica pregunta si este no es el ambiente propicio para la aparición de una figura como la de don Quijote: "No es natural que todas estas causas y concausas de locura, de exasperación, que flotan en el ambiente, hayan convergido en un momento supremo de la historia y hayan creado la figura de este sin par hidalgo, que ahora en este punto nosotros, acercándonos con cautela, vemos leyendo de rato en rato y lanzando súbitas y relampagueantes miradas hacia la vieja espada llena de herrumbre?" (t. II, p. 257).

Como vemos, Azorín trata de seguir un método aparentemente científico para determinar las razones que producen la psicología peculiar de Argamasilla y la del caballero andante de Cervantes. Sin embargo, debemos notar que su método en este capítulo no es enteramente convincente si nos atenemos a lo que nos presenta como pruebas y a las contradicciones que presenta más adelante en el capítulo IV, como cuando menciona "la inmovilidad," el "reposo profundo" y la "resignación secular" del ambiente (t. II, p. 259). En realidad, Azorín está reflejando en el ambiente manchego sus propias ideas, su propia sensibilidad, y por tanto el determinismo que usa es deliberado y artísticamente encauzado.

IV. "EL AMBIENTE DE ARGAMASILLA"

En el capítulo III, Azorín ha tratado seudocientíficamente de establecer que don Quijote no podía nacer en otro pueblo que Argamasilla, debido al ambiente que existió en esa villa a mediados del siglo XVI. En el capítulo siguiente continúa imponiendo sus ideas personales, tratando de darles una base determinista, pero su resultado es más artístico que probable, desde el punto de vista científico.

El ambiente de Argamasilla que nos presenta es más bien triste y monótono. Los días pasan tan iguales y rutinarios que le hacen perder la noción del tiempo y la del espacio. Sus visitas al casino son las de un espectador a un mismo diálogo que se repite con pocas variantes por la mañana y por la noche. Su misma presencia como espectador a un ambiente extraño a sus intereses tiene que darle naturalmente una sensación de irrealidad personal, pero el autor sabe utilizar esta experiencia en forma artística presentando un cuadro de tonalidad fantasmagórica:

"Las lamparillas del salón alumbran débilmente el ancho ámbito; las figuras permanecen inmóviles, silenciosas, en la penumbra. Hay algo en estos ambientes de los casinos de pueblo, a estas horas primeras de la noche, que os produce como una sensación de sopor y de irrealidad. En el pueblo está todo en reposo; las calles se hallan oscuras, desiertas; las casas han cesado de irradiar su tenue vitalidad diurna. Y parece que todo este silencio, que todo este reposo, que toda esta estabilidad formidable, se concentra, en estos momentos, en el salón del Casino y pesa sobre las figuras fantásticas, quiméricas, que vienen y se tornan a marchar lentas y mudas." (t. II, p. 262)

El interior de las casas le impresiona por su silencio, por su tranquilidad y por su "resignación secular." Y nota que el exterior de las mismas está en armonía con el interior. Las puertas y las ventanas están cerradas. Las techumbres son bajas y pardas. Las calles, anchas y luminosas. El llano se ve en la lejanía como algo "inmenso, desmantelado, infinito." Y Azorín retóricamente pregunta si "¿No es éste el medio en que han nacido y se han desarrollado las grandes voluntades, fuertes, poderosas, tremendas, pero solitarias, anárquicas, de aventureros, navegantes, conquistadores? ¿Cabrá aquí, en estos pueblos, el concierto íntimo, tácito, de voluntades y de inteligencias, que hace la prosperidad sólida y duradera de una nación?" (t. II, pp. 259-60).

Sin embargo, el mismo autor presenta estadísticas que muestran que Argamasilla no adelantó casi nada en los tres siglos que van del XVI al XIX, tanto en las construcciones como en el número de habitantes y en el ritmo de la vida en general. Pero Azorín insiste que ese es el ambiente propicio en que nacen las grandes voluntades, llenas de ideales como la de Alonso Quijano: "Decidme: ¿no es éste el medio en que florecen las voluntades solitarias, libres, llenas de ideal —como la de Alonso Quijano, el Bueno—, pero ensimismadas, soñadoras, incapaces, en definitiva, de concentrarse en los prosaicos, vulgares, pacientes pactos que la marcha de los pueblos exige?" (t. II, pp. 262-3). Seguramente Azorín considera que esta villa produce grandes voluntades, llenas de ideales, como una reacción contra su propio ambiente de inercia, prosaísmo y planicie. Pero la verdad es que si observamos detenidamente la gente con la que nuestro autor está en contacto, como también todo el ambiente de Argamasilla, incluso su llanura, tenemos una atmósfera que invita a la rutina y a la conformidad más que al florecimiento de grandes voluntades e ideales quijotescos.

V. "LOS ACADEMICOS DE ARGAMASILLA"

Debido a la acotación de Ariosto, que Azorín tiene al comienzo del capítulo V: "...con tutta quella gente que si lava in Guadiana" (Ariosto:*Orlando Furioso,* canto XIV), sería bueno señalar la tendencia que tiene nuestro autor de empezar y terminar sus capítulos en un perfecto círculo, volviendo a la escena, al tema o al estado de ánimo que aparece al principio del capítulo. Es así como en este capítulo termina mencionando que el Guadiana corre cerca de los académicos de Argamasilla: "Fuera, allí cerca, a dos pasos de la ventana, a flor de tierra, el noble Guadiana se desliza manso, callado, transparente..." (t. II, p. 267).

Como lo indica su título, el capítulo trata de los "académicos" de Argamasilla. Y nuevamente tenemos que volver al tema de la atmósfera de esa villa. Azorín trata de mostrar que, al igual que el final de la primera parte de *Don Quijote* en donde se habla de los académicos de Argamasilla, existe todavía una agrupación semejante. Pero esta gente está determinada a creer que todo lo que dice el famoso libro de Cervantes es verdad, y todos ellos viven en esa creencia como una realidad que debería ser aceptada por todos. Es así entonces como la declaración de Azorín, en el capítulo IV, de que el ambiente de ese lugar es propicio para exaltar voluntades "soñadoras," "llenas de ideal" viene a resultar una verdad. Toda esta gente vive creyendo en el libro. No les interesa el autor, únicamente desean al personaje: "¡Llévese usted a Cervantes; lléveselo usted en buena hora, pero déjenos usted a Don Quijote!... Pues yo digo que Don Quijote era de aquí; Don Quijote era el propio don Rodrigo de Pacheco, el que está retratado en nuestra iglesia, y no podrá nadie, nadie, por mucha que sea su ciencia, destruir esta tradición en que todos han creído y que se ha mantenido siempre fuerte y tan constante..." (t. II, p. 265). La actitud de los académicos recuerda la de Unamuno, al posesionarse del personaje de Cervantes y descartar al autor, en su obra *Vida de Don Quijote y Sancho* (1905), y naturalmente en el ensayo "Sobre la lectura e interpretación del Quijote" (1905).

En lo referente a Azorín, el contacto con los académicos le produce una sensación de placidez, se siente más cerca del ambiente literario e intelectual acostumbrado, y con deleite nos dice: "Yo no he conocido jamás hombres más discretos, más amables, más sencillos que estos buenos hidalgos don Cándido, don Luis, don Francisco, don Juan Alfonso y don Carlos" (t. II, p. 263). El ambiente ya no le es triste y monótono. El sol entra a "raudales," y es "tibio, esplendente, confortador." Los muebles y ornamentos son de su agrado. Los platos antiguos son "soberbios," la estatuilla de la Virgen es "esbelta, primorosa," una antigua alfombra es "maravillosa." A los académicos los trata con simpatía, como al "discretísimo" don Cándido; mientras que don Luis es un "tipo castizo, inconfundible, del viejo hidalgo castellano," y lo compara con uno de los personajes espirituales y aristo-

142

cráticos del "Entierro del Conde de Orgaz," el famoso cuadro de Domenico Theotocopuli (el Greco).

Se puede decir que Azorín está viendo en toda esta gente la herencia de la España del pasado y la propensión que tiene la raza de continuar los tipos nativos dentro de un ambiente que no ha cambiado y que se mantiene igual a través de los siglos. Así, Azorín consigue aproximarse más a la verdad ecológica por intermedio de su arte literario que por sus esbozos premeditados dentro del método científico.

VI. "SILUETAS DE ARGAMASILLA"

Azorín utiliza en *La ruta de Don Quijote* un enfoque que va de lo general a lo particular. Sus primeros capítulos tenían el propósito de mostrarnos el ambiente general de Argamasilla; ahora concentra su atención en ciertos tipos definidos. Y si bien son habitantes de una villa, que tiene ciertas características propias, estos son individuos de vidas completamente diferentes.

En esta sección de su libro, el autor toma cuatro seres y nos muestra su visión de la vida. Dos mujeres y dos hombres que contrastan en su carácter, en su aspecto físico y en su actitud mental frente a la existencia.

El retrato que nos hace de la Xantipa no es completamente desconocido. Ya hemos visto su esbozo en obras anteriores, como en *Las confesiones de un pequeño filósofo*. La anciana vestida de negro, cuyo profundo suspiro acompañado por un "¡Ay Jesús!" condensa toda una visión triste y dolorida de la vida. Pero es una tristeza que viene de la limitación artificial al goce de la vida, implantada como una cosa natural por la misma religión y por la sociedad. Los procedimientos legales y la importancia extraordinaria que se da a la propiedad privada en los pueblos contribuyen igualmente a limitar la visión de la vida. En el caso de Xantipa, la pérdida de algunas propiedades a causa de turbios y complejos procesos legales, parecen marcar definitivamente su vida con su obsesionante recuerdo. Su panorama de la vida se centra en este tema y sus memorias se nutren constantemente de su pequeño mundo, sin que la variedad o lo desconocido le permita la expansión de su mente. Tanto es así que el simple hecho de darle a un desconocido, Azorín, la abultada escritura para que la lea es como un soplo de esperanza en la vida de esta mujer, que ya se ha convertido en una figura trágica.

Otro personaje, Juana María, en cambio, es un espíritu fino, inteligente, que contrasta entre la vulgaridad de los campesinos. Su natural sensatez se realza frente al apesadumbrado ambiente creado por las habladurías de las comadres. Azorín hace resaltar el encanto misterioso de esta muchacha de espíritu aristocrático, e invita a la imaginación y a la fantasía a buscar en el pasado su posible origen noble: "¿Cómo, por qué misterio encontráis este espíritu aristocrático bajo las ropas y atavíos del campesino? ¿Cómo, por qué misterio, desde un palacio del Renacimiento, donde este espíritu se formaría hace tres siglos, ha llegado, en estos tiempos, a encontrarse en la modesta casilla de un labriego? Lector: yo oigo sugestionado las palabras dulces, melódicas, insinuantes, graves, sentenciosas, suavemente socarronas a ratos, de Juana María. Esta es la mujer española." (t. II, p. 271).

De carácter distinto es don Rafael. Un hombre que tuvo hace años una brillante carrera política y se retiró a vivir, abúlico y vencido, una vida rutinaria y obscura en Argamasilla:

"—Yo, señor Azorín —me dice don Rafael—, he tenido mucha actividad antes...
Y después añade, con gesto de indiferencia altiva:
—Ahora ya no soy nada." (t. II, p. 272).

Su voluntad está rota. Y recordando a Nietzsche, dice Azorín que no ha podido sobrepujarse a sí mismo. El autor entra aquí en el tema de la voluntad, tan querido por la Generación de 1898. Azorín se refiere, especialmente, a la misteriosa repetición de las voluntades humanas en Argamasilla, que se encienden por un momento con planes grandiosos para apagarse paulatinamente en la inacción sin terminar su obra, hasta que años después, en un eterno retorno, vuelven nuevamente otras generaciones a emprender obras que nunca finalizan. Azorín se pregunta qué razones hay para esto, qué hay en la tierra de don Quijote para que se rompan así las voluntades en lo mejor de su carrera. Y como si fuese el eco de una contestación, don Rafael dice al final, con cierta indiferente resignación y abandono: "estoy un poco echado a perder."

Martín, por otra parte, es un hombre que disfruta cada momento de su vida. Su actitud es más bien la de un epicúreo, la de un hombre sano y sensual que siente la alegría de vivir. Reflexionando sobre esa manera de ser, Azorín dice:

"Y ésta es una grande, una suprema filosofía; no hay pasado, ni existe porvenir; sólo el presente es lo real y es lo trascendental. ¿Qué importan nuestros recuerdos del pasado, ni qué valen nuestras esperanzas en lo futuro? Sólo estos suculentos 'galianos' que tenemos delante, humeadores en su caldero, son la realidad única; a par de ellos, el pasado y el porvenir son fantasías. Y Martín, gordezuelo, afeitado, tranquilo, jovial, con doce hijos, con treinta nietos, continúa en su patizuelo blanco, bajo la parra, haciendo pleita todos los días, un año y otro." (t. II, p. 274)

Como vemos, el autor nos presenta en Xantipa, Juana María, don Rafael y Martín dos actitudes frente a la vida. La de Xantipa y don Rafael es una que vive en el recuerdo y no se ajusta con toda su vitalidad al goce de la vida en el presente, y la de Juana María y Martín, más sensata y realista, que no da importancia desproporcionada a lo que pueda ser un obstáculo a una existencia plena de vitalidad. Con esto, Azorín parece querer dar a sus compatriotas un mensaje para una vida mejor, más sana y natural, y menos limitada.

VII. "LA PRIMERA SALIDA"

Con reminiscencias de la primera salida de don Quijote, Azorín se propone describirnos detalladamente sus experiencias en la Mancha. Quiere hacernos partícipes de todos los pormenores, "sin efectos, sin lirismos." Y lo hace magistralmente, pero la maravilla de su arte no puede ocultarse. Sugestionados por sus descripciones y todos los detalles sensoriales, no podemos dejar de imaginarnos los diferentes cuadros que nos pinta. Y más todavía las sensaciones que experimenta.

El capítulo comienza casi al amanecer, cuando todavía casi todos duermen, y termina al anochecer. Casi podemos decir que Azorín ha tratado de comprender el día en un círculo que comienza y termina al borde de la penumbra.

Así, a las seis de la mañana sale con Miguel y su carrillo tirado por una jaquita de trote vivaracho y nervioso. La expectativa y la hora "fuerte, clara, fresca, fecunda," envuelve su salida con una atmósfera de alegría y voluptuosidad. Y con todos sus sentidos en alerta, Azorín absorbe y cuenta lo que ve por las transparentes llanuras manchegas. Pero aquí, más que en los capítulos anteriores, logra mediante su arte descriptivo comunicar la visión de "la llanura desesperante" y del anhelo indefinido que ella origina.

El juego alucinante que produce la llanura a lo largo de horas y horas de mirar ansiosamente el horizonte, es introducido gradualmente. Primero con la repetida mención de la inmensidad del llano que resulta desesperante: "Y, ya fuera del pueblo, la llanura ancha, la llanura inmensa, la llanura infinita, la llanura desesperante, se ha extendido ante nuestra vista..." (t. II, p. 275). Para seguir luego con la descripción del cielo azul claro, que refulge al sol, en forma intermitente, destacando las paredes blancas de las casas esparcidas por el campo. Y termina este primer panorama, concentrando la atención en el camino: "... estrecho, amarillento, se perdía ante nosotros, y de una banda y de otra, a derecha e izquierda, partían centenares y centenares de surcos, rectos, interminables, simétricos" (t. II, p. 275). Como vemos, su descripción parece tener cierta cualidad hipnótica. Pero su poder sugestionador es aparente más adelante, cuando ya hastiado por la monotonía de la llanura cree divisar un pueblo que en realidad no existe, y termina fijando su atención en los ojos de un cuclillo:

"Yo extiendo la vista por esta llanura monótona; no hay en toda ella ni una sombra; a trechos, cercanos unas veces, distantes otras, aparecen en medio de los anchurosos bancales sembradizos diminutos pináculos de piedra; son los 'majanos;' de lejos, cuando la vista los columbra allá en la línea remota del horizonte, el ánimo desesperanzado, hastiado, exasperado, cree divisar un pueblo. Mas el tiempo va pasando; unos bancales se suceden a otros; y lo que juzgábamos poblado se va cambiando, cambiando en estos pináculos de cantos grises, desde los cuales, inmóvil, misterioso, irónico tal vez, un cuclillo —uno de estos innumerables cuclillos de la Mancha— nos mira con sus anchos y gualdos ojos." (t. II, p. 276)

149

Azorín no tarda en asociar el paisaje al pensamiento de Alonso Quijano, el Bueno, cuando iba por esos campos. Y se pregunta qué planes imaginaba, qué ideales tenía. Así, dejando correr la imaginación y las distancias, el campo, ahora pedregoso, le recuerda el paraje en donde Andresillo fue atado por su amo.

En su avance hacia Puerto Lápiche, sugestionado por el recuerdo del libro de Cervantes y por las muchas horas de mirar el horizonte casi idéntico, considera como una cosa natural la ansiedad que surge en el espíritu del viajero y la aparición de un personaje como don Quijote en el ambiente manchego:

> "Y nosotros, tras horas y horas de caminata por este campo, nos sentimos abrumados, anonadados, por la llanura inmutable, por el cielo infinito, transparente, por la lejanía inaccesible. Y ahora es cuando comprendemos cómo Alonso Quijano había de nacer en estas tierras, y cómo su espíritu, sin trabas, libre, había de volar frenético por las regiones del ensueño y de la quimera. ¿De qué manera no sentir que un algo misterioso, que un anhelo que no podemos explicar, que un ansia indefinida, inefable, surge de nuestro espíritu? Esta ansiedad, éste anhelo, es la llanura gualda, bermeja, sin una altura, que se extiende bajo un cielo sin nubes, hasta tocar, en la inmensidad remota, con el talón azul de la montaña..." (t. II, pp. 277-8).

Así, como en un "collage" de recuerdos y fragmentos del libro de Cervantes, de paisajes manchegos y de emociones e interpretaciones de Azorín, se hace posible la comprensión de don Quijote como un producto del ambiente de la Mancha.

El poder indiscutible de la prosa evocadora del autor, más su determinación de revivir el pasado en el presente, refuerzan el concepto determinista que le guía.

150

VIII. "LA VENTA DE PUERTO LÁPICHE"

El despertar del día en el mesón de Higinio Mascaraque, en Puerto Lápiche, le da la oportunidad al autor para crear una atmósfera reminiscente de los antiguos mesones, cuando los trajineros y los carreros se preparaban para continuar su viaje. Entre cargas de cebollas y de acelgas, tintineo de los cencerros de cabras y los gritos "tremebundos" de un porquero que pasa, vemos el comienzo del día en la única calle, llena de recodos, de Puerto Lápiche. Más que la acostumbrada maestría que presenta Azorín en la creación de una atmósfera de vida y actividad que acompaña la aparición del nuevo día, se puede notar una recreación del ambiente que seguramente existiría en la época de Cervantes.

Pero Azorín tiene el propósito de visitar a don José Antonio, que resulta ser el médico del pueblo, que escribe y publica un periódico escrito a mano, y que mantiene un gran interés por todo lo concerniente a don Quijote. Es así como, después de los imprescindibles saludos y cortesías, Azorín le pregunta si verdaderamente existe en Puerto Lápiche la famosa venta en donde don Quijote fue armado caballero. Unidos por el común interés que hermana a los investigadores, don José An-

151

tonio le refiere sus indagaciones y se lleva al presunto lugar en donde estaba situada la venta.

Ante las ruinas del solar, Azorín imagina la importancia que la venta y el camino debían tener como centro de tráfico comercial, en la época de don Quijote:

"Esta venta era anchurosa, inmensa; hoy, el solar mide más de ciento sesenta metros cuadrados. Colocada en lo alto del puerto, besando la ancha vía, sus patios, sus cuartos, su zaguán, su cocina estarían a todas horas rebosantes de pasajeros de todas clases y condiciones; a una banda del puerto se abre la tierra de Toledo; a otra, la región de la Mancha. El ancho camino iba recto desde Argamasilla hasta la venta. El mismo pueblo de Argamasilla era frecuentado de día y de noche por los viandantes que marchaban a una parte y a otra." (t. II, p. 282)

Y estando Argamasilla sobre el mismo camino que pasa por Puerto Lápiche, el autor piensa en las muchas oportunidades que habría tenido don Quijote, viviendo en Argamasilla, de hablar y conocer diferentes tipos de gente, y de proveerse de libros de caballería, como el *Amadis* o *Tirante el Blanco*. De ese modo, reviviendo un pasado literario, Azorín imagina que allí, sobre ese patio, que ahora está en ruinas, don Quijote veló sus armas en una noche de luna.

Pero debemos notar que por asociación de ideas, los pensamientos sobre el caballero andante están enlazados con los de su autor. Y Azorín se imagina que Cervantes mismo seguramente conocería esa posada y habría visto y hablado con muchos de los huéspedes y viajeros:

"¡Y cuánta casta de pintorescos tipos, de gentes varias, de sujetos miserables y altos no debió encontrar Cervantes en esta venta de Puerto Lápiche en las veces innumerables que

152

en ella se detuvo! ¿No iba a cada momento de su amada tierra manchega a las regiones de Toledo? ¿No tenía en el pueblo toledano de Esquivias sus amores? ¿No descansaría en esta venta veces y veces, entre pícaros, mozas del partido, cuadrilleros, gitanos, oidores, soldados, clérigos, mercaderes, titiriteros, trashumantes, actores?" (t. II, p. 282)

El capítulo VIII termina con una nota reflexiva. Azorín, al alejarse del lugar y despedirse de don José Antonio, que ya está achacoso, no puede dejar de pensar que quizás no le verá más. Así, las ruinas de la venta y la vida del hombre enfermo se unen por un momento en la idea de que florecieron una vez. Ambos, los restos de la antigua posada y el hombre en decadencia esperan la inevitable desaparición.

IX. "CAMINO DE RUIDERA"

En este capítulo IX, paralela a las artísticas descripciones que Azorín nos hace del camino que va de Argamasilla a la aldea de Ruidera, y la evocación de la aventura de los batanes de don Quijote y Sancho, tenemos la proyección del autor en la materia que trata de interpretar.

Consciente de lo que está escribiendo y de su viaje por la ruta de don Quijote, Azorín parece sentirse parte del mundo quijotesco. Y al igual que el andante caballero que esperaba que sus acciones pasaran a la posteridad, nuestro autor tiene esperanzas en la gloria literaria: "Las andanzas, desventuras, calamidades y adversidades de este cronista es posible que lleguen algún día a ser famosas en la historia" (t. II, p. 283).

Así, después de ocho horas de traqueteo "furioso" en el carro de Miguel, Azorín se encuentra escribiendo en el mesón de Juan, en Ruidera. Reflexionando sobre su viaje, nuevamente deja escapar su imaginación, y entre realidad y fantasía nos muestra la ruta que seguramente seguiría el héroe de Cervantes. Y contrariamente a una aproximación científica, piensa, sin tener pruebas concluyentes y valederas, que don Alonso

Quijano era don Rodrigo Pacheco, de Argamasilla: "Ya sa-
véis que don Alonso Quijano, el Bueno, dicen que era el hidalgo don Rodrigo Pacheco" (t. II, p. 284). Sin embargo encuentra una justificación artística en un antiguo retrato que
hay en la iglesia de Argamasilla:

"Hoy, en la iglesia de Argamasilla, puede verse un lienzo
patinoso, desconchado; en él, a la luz de un cirio que ilumina
la sombría capilla, se distinguen unos ojos hundidos, espirituales, dolorosos, y una frente ancha, pensativa, y unos labios
finos, sensuales, y una barba rubia, espesa, acabada en una
punta aguda. Y debajo, en el lienzo, leemos que esta pintura
es un voto que el caballero hizo a la Virgen por haberle librado de una "gran frialdad que se le cuajó dentro del cerebro" y
que le hacía lanzar grandes clamores "de día y de noche"...
(t. II, p. 284)

Con la misma libertad y falta de evidencias definitivas considera la casa de don Quijote, diciendo que hoy es una bodega.
Pero su propósito artístico se lleva a cabo en la evocación del
caballero de la Triste Figura:

"Por esta misma parte por donde yo acabo de partir de la
villa, hacía sus salidas el caballero de la Triste Figura: su casa
—hoy extensa bodega— lindaba con la huerta; una amena y
sombría arboleda entoldaba gratamente el camino; cantaban
en ella los pájaros; unas urracas ligeras y elegantes saltarían
—como ahora— de rama en rama y desplegarían a trasluz
sus alas de nítido blanco e intenso negro. Y el buen caballero,
tal vez cansado de leer y releer en su estancia, iría caminando
lentamente, bajo las frondas, con un libro en la mano, per-
dido en sus quimeras, ensimismado en sus ensueños." (t. II,
p. 284)

Igual efecto artístico y evocativo tiene la descripción del castillo de Peñarroya y el panorama que se ve desde lo alto de su

techumbre. Aunque Azorín nos dice que la antigua fortaleza no guarda ningún recuerdo quijotesco, cree que el caballero andante debió haber venido muchas veces "traído por sus imaginaciones."

Ya en el ambiente de Ruidera, y como si hubiese una unificación con el espíritu de don Quijote, Azorín invoca la paz de la aldea para su espíritu. Así, empieza y termina el capítulo con una identificación del "cronista" con el personaje ficticio.

Como podemos ver, la actitud de Azorín es más literaria que científica. En realidad tenemos a un escritor que se inspira en las *Aventuras del ingenioso hidalgo don Quijote de la Mancha* para crear una visión personal y artística de su héroe y de su ambiente. Y es tanta la atmósfera de sugestión que se crea, que por momentos el mismo autor. Azorín, se identifica literariamente con algunos de los rasgos del personaje cervantino.

X. "LA CUEVA DE MONTESINOS"

Hasta ahora, Azorín, está tratando de darnos la impresión de que la ruta de don Quijote ha cambiado poco desde los tiempos de don Alonso Quijano, el Bueno. Pero en este capítulo ya nos hace sentir el paso del tiempo y también el estado espiritual y moral de su patria. Se puede decir que entrelaza en la evocación del héroe de Cervantes, su propia experiencia, y el paso del tiempo y de las circunstancias.

Comenzando con una supuesta identificación ecológica con el hombre de la Mancha, dice que "Ya el cronista se siente abrumado, anonadado, exasperado, enervado, desesperado, alucinado por la visión continua, intensa, monótona de los llanos de barbecho, de los llanos de eriazo, de los llanos cubiertos de un verdor imperceptible, tenue" (t. II, p. 288). Con este estado de ánimo se encamina hacia la cueva de Montesinos.

Pero la distancia que media entre Ruidera y Montesinos presenta un paisaje diferente al que hemos visto en los capítulos anteriores. Es un paisaje de lomas, profundos barrancos y ca-

157

ñadas, bajo un cielo luminoso y brillante. Es una campiña austera, brava y salvaje.

Con reminiscencias deterministas, Azorín asocia la idea de este paisaje áspero y severo con la fuerte personalidad de los conquistadores, guerreros y místicos de tiempos pasados: "almas, en fin solitarias y alucinadas, tremendas de los tiempos lejanos."

Sin embargo, este fuerte paisaje presenta cierto alivio en el encanto de sus cañadas, que, matizadas por pequeñas fuentes de aguas cristalinas, son como un sedante silencioso para el espíritu del caminante.

Pero Azorín, con la actitud de un hombre determinado a descubrir todo lo conectado con la ruta de don Quijote, llega hasta la cueva de Montesinos. Si bien la entrada ha cambiado y ya no crecen zarzas tupidas ni cambroneras y cabrahígos, nuestro autor desea poner sus pies donde los había puesto·don Quijote y bajar hasta el fondo. Nota entonces que las paredes de la cueva son como testigos mudos del paso del tiempo. Los nombres y las fechas de otros visitantes, de épocas pasadas, están allí esculpidos con navajas. No obstante, la evocación de don Quijote permea la atmósfera. Y con espíritu romántico, Azorín también experimenta y siente el ambiente misterioso y sugerente del fondo de la cueva y de las aguas negras y milenarias que reposan en su profundidad:

"Y en el fondo, abajo, en los límites del anchuroso ámbito, entre unas quiebras rasgadas, aparece un agua callada, un agua negra, un agua profunda, un agua inmóvil, un agua misteriosa, un agua milenaria, un agua ciega que hace un sordo ruido indefinible —de amenaza y lamento— cuando arrojamos sobre ella unos pedruscos. Y aquí, en estas aguas que reposan eternamente, en las tinieblas, lejos de los cielos azules, lejos de las nubes amigas de los estanques, lejos de los menudos lechos de piedras blancas, lejos de los juncales, lejos de los álamos vanidosos que se miran en las corrientes; aquí, en estas aguas torvas, condenadas, está toda la sugestión, toda la poesía inquietadora de esta cueva de Montesinos..." (t. II p. 292)

La impresión de Azorín ha sido fuerte y profunda. Cuando sale de la cueva, ya el tiempo ha cambiado y comienza a llover, sin embargo siente, como lo hubiera sentido el caballero andante después de haber salido de la cueva, una sensación "de estupor" y "de no ser."

Reflexionando sobre lo que habría hecho don Quijote en el tiempo presente, Azorín cree que no bajaría a la cueva de Montesinos, sino a otras más profundas y terribles. Y encontraría, con la sorpresa e indignación sentida en sus otras aventuras, la negación de "la eterna justicia y el eterno amor de los hombres."

Así asocia Azorín el recuerdo del estado de ánimo de la Generación de 1898 con el pasado glorioso de la España de Cervantes, y que el autor busca y añora por la ruta de don Quijote.

XI. "LOS MOLINOS DE VIENTO"

Quizá las primeras líneas de "Los molinos de viento" puedan ser consideradas como un abstracto del contenido literario del capítulo:

"Los molinitos de Criptana andan y andan.
—¡Sacramento! ¡Tránsito! ¡María Jesús!
Yo llamo, dando grandes voces, a Sacramento, a Tránsito y a María Jesús. Hasta hace un momento he estado leyendo en el *Quijote;* ahora, la vela que está en la palmatoria se acaba, me deja en las tinieblas. Y yo quiero escribir unas cuartillas." (t. II, p. 293)

Azorín nos da aquí algunos de los principales elementos del capítulo: los molinitos de Criptana, los nombres de las tres muchachas, la lectura del *Quijote,* las tinieblas, y su deseo de escribir unas cuartillas. Y lleva a cabo su propósito haciendo uso mayormente de su fantasía, la sensación de expectativa y la realidad.

Así, Azorín nos dice que ha llegado a Criptana hace dos horas y nos cuenta su llegada. Pero desde el momento que arriba hay una predisposición a dejarse llevar por la fantasía. Y co-

160

mo si fuese un espectador a su propia entrada, se imagina que las damas, en los coches del pueblo, lo ven como a un viajero misterioso que ha llegado en vagón de primera clase, con botas rotas y sombrero grasiento, y que se encamina al pueblo embozado en su capa "como viandante cargado con el peso de sus desdichas." Y como si hubiese reminiscencias de las novelas de Dickens, enfoca fascinado su atención en los coches de la estación: "unos coches vetustos, uno de estos coches de pueblo, uno de estos coches en que pasean los hidalgos, uno de estos coches desteñidos, polvorientos, ruidosos, que caminan todas las tardes por una carretera exornada con dos filas de arbolillos menguados, secos. Dentro, las caras de estas damas —a quienes yo tanto estimo— se pegaban a los cristales, escudriñando los gestos, los movimientos, los pasos de este viajero único, extraordinario..." (t. II, p. 294).

Su llegada a la posada es como una evocación romántica de las antiguas posadas, en donde el claroscuro de Rembrandt parece envolver todo el ambiente estableciendo un escenario lleno de encanto y de sugerencias artísticas:

> "...una moza ha venido con una vela en la mano. ¿Es Sacramento? ¿Es Tránsito? ¿Es María Jesús? Yo he visto que los resplandores de la luz —como en una figura de Rembrandt— iluminaban vivamente una carita ovalada, con una barbilla suave, fina, con unos ojos rasgados y unos labios menudos." (t. II, p. 295)

Después de leer en su cuarto, a la luz de una vela, la aventura de los molinos de viento del valeroso don Quijote, Azorín cena y sale a recorrer las calles de Criptana.

Su fantasía nuevamente corre ayudada por la luz de la luna, y se ve transportado a "las regiones del ensueño." Sin embargo, con la llegada del nuevo día, Azorín se enfrenta con la realidad, y se pregunta dónde está el misterio, el encanto y la sugestión de la noche anterior.

Y ya dentro de un marco de verdad, el escritor, tomando la apariencia de investigador, no se extraña que don Alonso Quijano, el Bueno, tomase por gigantes a los molinos. Después de todo, nos dice que Richard Ford en su libro **Handbook for travellers in Spain** declara que los molinos de viento se "implantaron en la Mancha en 1575," y refuerza la idea de la novedad en esa época con lo que "escribía Jerónimo Cardano en su libro *De rerum varietate,* en 1580, hablando de estos molinos, no puedo yo pasar en silencio que esto es tan maravilloso, que yo antes de verlo no lo hubiera podido creer sin ser tachado de hombre cándido" (t. II, p. 297).

Es así, entonces, como Azorín hace más verosímil que don Alonso Quijano, el Bueno, se maravillase frente a los molinos de viento, y más comprensible la alucinación de don Quijote ante ellos. Recordemos también que el autor, casi desde un principio, nos ha estado mencionando con insistencia la influencia sugestionadora de la llanura sobre el espíritu del hombre en esa región. Pero en realidad, lo que era máquina maravillosa en tiempos del Quijote, en la época de Azorín no es más que un molinito de Criptana. Vemos por lo tanto que el autor en esta parte del capítulo XI trata de apagar la fantasía y mostrar la realidad.

XII. "LOS SANCHOS DE CRIPTANA"

Así como anteriormente Azorín ha tratado de identificarse
con algunos elementos peculiares del Quijote, en este capítulo XII intenta aproximarse al espíritu de Sancho. Claro que
no deja por eso la delicadeza de su propia personalidad. Sin
embargo, en su deseo de compenetrarse en la atmósfera san-
chopancesca, la imaginación y fantasía que hemos notado en
otros capítulos no se hace ver. Azorín parece atenerse a la
realidad del momento durante todo el capítulo. Y lo notable
es que desaparece en este ambiente su personalísima conciencia del paso del tiempo, tanto que el mismo escritor se extraña
y se pregunta constantemente cuántas horas han pasado.

Azorín crea con arte una atmósfera de simpatía humana, de
bondadosa amabilidad, de algazara y practicalidad. Y con una
cordialidad que se observa desde el principio, el autor se acomoda con gentil cortesía al temperamento de los buenos señores de Criptana, que se identifican con la personalidad del escudero de don Quijote. Y observa que, al igual que Argamasilla se considera patria del caballero andante, Criptana desea
representar "el espíritu práctico, bondadoso y agudo" de Sancho. Hay, sin embargo, una fina ironía en el tratamiento que

163

les da nuestro autor al considerar a estos señores sus "discretísimos amigos," cuando vienen con gran alboroto a despertarlo a las cuatro de la mañana para llevarlo a una excursión campestre.

La descripción de la pintoresca caravana que forman es como el anticipo de la comilona que se prepararía: "En la calle hay una larga ringlera de tartanas, galeras, carros, asnos cargados con hacecillos de hornija, con sartenes y cuernos enormes llenos de aceite" (t. II, p. 300).

Rota ya la frialdad y la rigidez del primer momento, y "metido en una galera entre don Bernando y don León," Azorín se identifica con ellos y así lo proclama: "Yo ya soy un antiguo Sancho Panza de esta noble Criptana." Claro que no podemos dejar de notar la suave ironía que hay en su pasividad. Pero en realidad el autor parece disfrutar de la alegre camaradería y del placer que sienten sus nuevos amigos. La pérdida de la noción del tiempo es por lo tanto natural en un ambiente de cordialidad. Esta atmósfera de vitalidad y jovialidad es nueva para Azorín, y no le deja tiempo para sus acostumbradas reflexiones y sus correrías por las regiones del ensueño. Se puede decir que se deja llevar por sus nuevos amigos.

Pero de todos ellos sobresale don Bernardo, el músico-farmacéutico, compositor de un himno a Cervantes. Este personaje parece representar la dualidad que Sancho adquiere en el desarrollo de su personalidad en el *Quijote,* y Azorín lo nota al decir:

> "Y yo pienso en lo más íntimo de mi ser: Pero este don Bernardo, tan cariñoso, tan bueno, ¿será realmente un Sancho Panza, como él asegura a cada momento, o tendrá más bien algo del espíritu de Don Quijote?" (t. II, p. 302)

164

Sin embargo, además de la proyección de don Quijote en Sancho, se encuentra en don Bernardo la inseguridad característica del artista que necesita constantemente una afirmación que le sostenga.

En general podemos decir que Azorín participa armoniosamente del ambiente sanchopancesco, manteniendo su atención en la aparente realidad circundante y agregando dentro de su ámbito el concepto de la dualidad que se manifiesta en la personalidad de Sancho a lo largo de su desarrollo espiritual.

XIII. "EN EL TOBOSO"

Quizá tengamos aquí el capítulo más artísticamente sugestionador y de mayor sentimiento de todo el libro. El contraste entre la decadencia presente del Toboso y la imagen bella e ideal que tenía el Quijote, contribuye al establecimiento de un escenario romántico que culmina en las penumbras del crepúsculo con la aparición de la triste figura de un viejo hidalgo.

El camino desde Criptana hacia el Toboso es como un preludio de desolación que se acentúa hasta llegar al más doloroso abandono de este pueblo en ruinas, que es como una "síntesis de toda la tristeza de la Mancha."

La descripción que nos hace Azorín de este pueblo "único, estupendo" por la tristeza que le envuelve, es la de un pueblo muerto, cuyas ruinas y silencio se acentúan a medida que se acerca al centro del mismo:

> "Un silencio profundo reina en el llano; comienzan a aparecer a los lados del camino paredones derruidos. En lo hondo, a la derecha, se distingue una ermita ruinosa, negra, entre árboles escuálidos, negros, que salen por encima de

largos tapiales caídos. Sentís que una intensa sensación de
soledad y de abandono os va sobrecogiendo...

...Las ruinas de paredillas, de casas, de corrales, han ido
aumentando; veis una ancha extensión de campo llano
cubierta de piedras grises, de muros rotos, de vestigios de
cimientos. El silencio es profundo; no descubrís ni un ser
viviente; el reposo parece que se ha solidificado. Y en el
fondo, más allá de todas estas ruinas, destacando sobre un'
cielo ceniciento, lívido, tenebroso, hosco, trágico, se divisa un
montón de casuchas... (t. II, p. 305-6)

El autor, frente al espectáculo desolador que le rodea, se pregunta cómo ha llegado el Toboso a este grado de decadencia.
Y una explicación incluye el paso del tiempo, la emigración,
la falta de interés por construir nuevos edificios y las uniones
consanguíneas que después de varias generaciones terminan
en la esterilidad.

Y entre las ruinas que toman una tonalidad rojiza y dramática
al caer la tarde, Azorín piensa en Dulcinea y en la posibilidad de que sean ciertas las afirmaciones de los cronistas que
aseguran que ella era Aldonza Zarco de Morales. Después de
todo, Zarco es un apellido común en el Toboso. Finalmente
llega hasta los escombros de un viejo edificio que dicen fue la
mansión de "la sin par princesa" manchega, y con ojo
avizor observa que hasta los dos "magnífico blasones" que
en tiempos pasados estaban en la fachada ahora se encuentran
destrozados en un rincón. Nada se ha librado del paso del
tiempo.

Sin embargo, Azorín, consciente de los planos de realidad y
fantasía del *Quijote* y los de su propia producción artística,
nos abre las puertas para diferentes posibilidades interpretati-
vas al insertar el diálogo entre don Quijote y Sancho, en

167

donde el hidalgo pide que le guíe "al palacio de Dulcinea," y el escudero dice que no hay tal palacio sino "casa muy pequeña."

El autor cierra su capítulo simbólicamente con las sombras de la noche que se acercan, e incluye en su última visión del pueblo en ruinas la figura romántica y sugerente de un viejo hidalgo, con su capa, que parece evocar el pasado glorioso y artístico de una España que ya no volverá:

> "...Y es un espectáculo de una sugestión honda ver a estas horas, en este reposo inquebrantable, en este ambiente de abandono y de decadencia, cómo se desliza de tarde en tarde, entre las penumbras del crepúsculo, la figura lenta de un viejo hidalgo, con su capa, sobre el fondo de una redonda puerta cegada, de un esquinazo de sillares tronchados o de un muro ruidoso por el que asoman los allozos en flor o los cipreses..." (t. II, p. 308)

XIV. "LOS MIGUELISTAS DEL TOBOSO"

En este capítulo XIV aparece la figura del maestro del pueblo, don Silverio, personaje al que Azorín dedica *La ruta de Don Quijote*, y al que considera "el tipo más clásico de hidalgo" que encontró en las tierras de la Mancha. El autor trata de establecer por intermedio de su descripción física una afinidad entre este personaje y el Toboso. Sin embargo la correlación ecológica parece dirigirse, más que otra cosa, hacia el ambiente de decadencia del Toboso. Así dice:

"...existe una secreta afinidad, una honda correlación inevitable, entre la figura de don Silverio y los muros en ruinas del Toboso, las anchas puertas del medio punto cegadas, los tejadillos rotos, los largos tapiales desmoronados. Don Silverio tiene una cara pajiza, cetrina, olivácea, cárdena; la frente sobresale un poco; luego, al llegar a la boca, se marca un suave hundimiento, y la barbilla, plana, aguda, vuelve a sobresalir, y en ella se muestra una mosca gris, recia, que hace un perfecto juego con su bigote ceniciento, que cae descuidado, lacio, largo, por las comisuras de los labios. Y tiene don Silverio unos ojos de una expresión única, ojos que refulgen y lo dicen todo. Y tiene unas manos largas, huesudas, sarmentosas, que suben y bajan rápidamente en el aire, elocuentes, prontas, cuando las

169

palabras surten de la boca del viejo hidalgo, atropelladas, vivarachas, impetuosas, pintorescas..." (t. II, pp. 309-10)

Pero además del interés por mostrar el producto humano de la tierra manchega, el autor expone la intrahistoria que parece permear todo el capítulo. Aquí tenemos la verdad viva de la gente del pueblo, su verdad, y no la de los "académicos," cuyos fallos "inapelables" en el mundo de las letras tratan de amargar y destruir lo que ellos saben por boca de residentes y generaciones de parientes. Así, cuando los académicos de otros lugares "decidieron que Cervantes fuese de Alcalá y no de Alcázar," los viejos hidalgos manchegos buscaron otros medios para probar que la familia de Cervantes era del Toboso.

Azorín, con deleite y simpatía escucha a los miguelistas del Toboso, don Silverio, don Vicente, don Emilio, don Jesús y don Diego. Todos estos señores, en "círculo pintoresco y castizo," le refieren sus conocimientos, pruebas y datos para señalar con apasionamiento que "Miguel" era de la misma región que ellos. Sin embargo debemos notar que el autor no se limita a centrar su atención en don Silverio. Los rasgos físicos, las ironías e ideas de todos le recuerdan autores clásicos españoles, tales como Torres Naharro y Garcilaso.

Al igual que con los académicos de Argamasilla, el autor siente simpatía por los miguelistas del Toboso. Pero hay que señalar que es en el grupo de los miguelistas en donde Azorín encuentra el tipo clásico del hidalgo, y considera al Toboso como la "síntesis de toda la tristeza de la Mancha," en el capítulo anterior. En ambos casos, del hidalgo y del pueblo, el autor enfoca en la realidad española y no en la ficción o en la fantasía del Quijote. Si bien hay simpatía por el hombre, por

170

el hidalgo, hay un profundo dolor por la tierra, por su decadencia, por la cruda realidad de su presente. Y ese profundo dolor se transforma en ternura por lo que queda de su pasado.

Así, a medianoche, al despedirse Azorín de sus amigos miguelistas, nota el profundo silencio que le rodea, la vida parece que ha desaparecido, pero un amoroso sentimiento cae como manto mágico sobre las ruinas que le rodean, y parece transformarlas en una nueva realidad, más poética, más artística:

"...reinaba un silencio profundo; una luna suave, amorosa, bañaba las callejas, llenaba las grietas de los muros ruidosos, besaba el ciprés y el olivo silvestre que crecen en la plaza..." (t. II, p. 313)

XV. "LA EXALTACION ESPAÑOLA"

Azorín, al comenzar su viaje por la ruta de don Quijote, nos mencionó cómo el pueblo de Argamasilla fue fundado y cómo sus habitantes estaban predispuestos a la exasperación y al desasosiego por el pánico que sufrieron, debido a las epidemias y plagas entre 1555 y 1575. Ahora, al terminar su exploración por las tierras del caballero andante, el autor nos presenta un capítulo que cierra con el mismo ambiente de hiperestesia sensitiva. Pero asocia esta sensibilidad exagerada y predisposición a la alucinación con las condiciones geográficas y climáticas, y con la abulia causada por las condiciones físicas inhóspitas. Claro que desde el punto de vista artístico, Azorín cierra su viaje con un perfecto círculo, tanto en lo referente a su propia sensibilidad, que parece que no ha cambiado desde que salió de Madrid, como en el tono general que da al ambiente castellano. Sin embargo, nos pone aquí frente a la realidad y a la verdad española que fue tan querida por la Generación de 1898.

Comienza el capítulo, "La exaltación española," con una descripción de Alcázar de San Juan, pueblo típico de la Mancha. Y al que considera el más castizo de todos, puesto que

172

alli se comprende mejor que en otro lugar el estado de sensibilidad que producen las llanuras monótonas, solitarias y tristes. En un ambiente en donde predomina el tono gris, el viento frío y la soledad, la monotonía se interrumpe de tarde en tarde con el paso de alguna mujer vestida de negro o un labriego en traje pardo, o con el sonido de las campanas de la iglesia.

Azorín piensa que este ambiente predispone a las alucinaciones, desvaríos y ensueños:

"La fantasía se echa a volar frenética por estos llanos; surgen en los cerebros visiones, quimeras, fantasías torturadoras y locas. En Manzanares —a cinco leguas de Argamasilla— se cuentan mil casos de sortilegios, de encantamientos, de filtros bebedizos y manjares dañados que novias abandonadas, despechadas, han hecho tragar a sus amantes; en Ruidera —cerca también de Argamasilla—, hace seis días ha muerto un mozo que dos meses atrás, en plena robustez, viera en el alinde de un espejo una figura mostrándole una guadaña, y que desde ese día fue adoleciendo y ahilándose poco a poco hasta morir. Pero éstos son casos individuales, aislados, y es en el propio Argamasilla, la patria de Don Quijote, donde la alucinación toma un carácter colectivo, épico, popular." (t. II, p. 315)

Y después de contarnos diferentes casos de incendios, de pánicos, de toques de campanas que rompen el encanto como una fórmula cabalística, nuestro escritor señala las consecuencias de este estado de ánimo: el abandono de las huertas y el marasmo del pueblo en general. Y mientras el tiempo pasa lento dentro de la abulia, dormitan las inteligencias, hasta que alguna vieja menciona apariciones o ocurre algún incendio. Entonces comienzan a desatarse las fantasías y los ensueños toman su curso.

173

Al preguntarse retóricamente si ésta no es la patria de Alonso Quijano, Azorín piensa que en este pueblo está también la síntesis de "la historia eterna de la tierra española." La voluntad que se debilita, pero que vuelve a sugerir esporádicamente, para caer nuevamente en la esterilidad de la abulia.

Y el autor, tomando un gira más realista, observa que también ésta es la verdad del Hidalgo de Cervantes. Y no la ilusión del aspecto ideal, ingenuo y audaz que admira tanto el pueblo inglés en don Quijote, y que constituye la esencia de todas las grandes y nobles acciones humanas, que permiten el adelanto de los pueblos y sin las cuales se va hacia una decadencia segura.

"PEGUEÑA GUIA PARA LOS EXTRANJEROS QUE NOS VISITEN CON MOTIVO DEL CENTENARIO"

En una nota anterior ya hemos dicho que los quince capítulos de *La ruta de Don Quijote* fueron comisionados, y publicados originariamente en *El Imparcial* de Madrid, en marzo de 1905. Sin embargo, el capítulo correspondiente a la "Pequeña guía para extranjeros que nos visiten con motivo del centenario" no fue publicado en *El Imparcial*, y apareció por primera vez en el libro en la edición de 1905.

En este último capítulo vemos una continuación de la actitud crítica de Azorín para con España. El autor logra esto siguiendo el tema del idealismo quijotesco de un investigador inglés, el doctor Dekker, personaje ficticio, según se puede confirmar en "Desdichas y malandanzas de Azorín en Levante" (t. VII, p. 178).

Al igual que Santiago Ramón y Cajal, Azorín observa las debilidades del carácter español.[1] Con un humor que tiende a la amargura, nuestro autor dota al doctor Dekker de una determinación investigadora quijotesca. Este "Fellow of the Royal

[1] Sobre Cajal véase Helene Tzitsikas. *Santiago Ramón y Cajal*. Ediciones De Andrea. México. 1965.

175

College of Surgeons" va a España a probar la tesis de que este país es el que pierde más tiempo en el mundo. Así, con el propósito de escribir un libro titulado "The time they lose in Spain," el doctor Dekker encuentra entusiasmado que Madrid confirma sus ideas, y es "The best in the world" para la pérdida de tiempo. Azorín nos hace seguir al inglés en sus diferentes experiencias personales, verificando la apatía general que reinaba en el ambiente madrileño de su tiempo. Pero esta falta de energía, de interés en general por un mejoramiento, no es exclusiva de un sector de la población o una faceta de la vida madrileña, es en realidad una actitud general, que va desde la casa de pensión en donde se aloja el ingles hasta la administración nacional, y desde las relaciones personales hasta los servicios públicos. El egoísmo personal prevalece ante el interés general o público.

El doctor Dekker "soy yo mismo" nos dice Azorín en "Desdichas y malandanzas de Azorín en Levante." Y la verdad es que tenemos en *La ruta de Don Quijote* una superposición de planos y visiones de la vida española, que van desde el plano personal hasta el nacional. Sin embargo, hay una unidad en toda la obra, basada en la proyección de la sensibilidad de Azorín y de su ideología.

El autor al emprender la ruta de don Quijote toma la actitud de un investigador que está pronto al descubrimiento, pero ya hay en él ideas ecológicas establecidas, y su objetividad se subordina a su arte y al determinismo ideológico que ya hemos señalado en diferentes oportunidades. Sus constantes preguntas sobre el ambiente propicio para la aparición de Alonso Quijano son como una confirmación de sus ideas. Y las sobrias conclusiones de su viaje y del panorama castellano en general son como una continuación de la ideología que presenta en *La voluntad, Antonio Azorín* y *Las confesiones de un pequeño filósofo*. La "Pequeña guía" en realidad se unifica con el resto del libro como un epílogo sobre el carácter nacional, no ya visto por un español, sino confirmado por un investigador inglés.

La ruta de Don Quijote es una obra de arte que contiene un mensaje y una voz de alarma para España sobre los males que sufre. Su diagnóstico es amargo, pero refleja el amor por la patria.

VALLE INCLAN
FLOR DE SANTIDAD
(Historia milenaria)

Para Ramón del Valle-Inclán el paisaje viene a ser la esencia lejana y múltiple de las cosas que se reflejan en los hombres y que él interpreta subjetivamente. No tenemos en este autor una visión abiertamente razonada de la ecología. Su percepción es intuitiva y artística. Pero esta visión estética implica ya una comprensión del universo, sin dejar por esto de considerar la pequeñez del hombre frente a la naturaleza impasible y grandiosa. Concibe también que la interpretación libre que el hombre hace de la naturaleza que le rodea muestra un temor ancestral al misterio de la vida y del más allá, y que toma la forma de religión y superstición.

En sus paisajes gallegos, Valle-Inclán coge todos estos elementos y los superpone en diferentes planos ofreciendo una visión intrahistórica y artística de su raza y hasta cierto punto un panorama irónico de sus creencias. Pero este paisaje es el natal y recoge directamente de ahí su material. En el Prefacio para *Corte de amor,* Ed. de España-Calpe, Col. Austral, Buenos Aires 1942, el hijo del autor describe así la tierra en que nació su padre: "Villanueva de Arosa es un lugar de pescadores. Niños, mozos y viejos marineros, que han pasado y repasado La Costa de la Muerte, se hacen a la mar todos los días, para ganarse el pan en dornas y pataches embreados. Raro es el año que las galernas no se tragan alguna de estas embarcaciones.

"Villanueva se refleja en la ría de Arosa, acaso la más bella de Galicia, y a su espalda el valle de Salnés se abre fecundo y verdeante con un paisaje de maizales, esmaltadas praderas, vides que dan buen vino, agros de pan y campos con robledos para las ferias que nunca faltan. Lienzos de Padrón, ganados monteses y quesos de Bretal se compran y venden en los mercados de Salnés. Mozas campesinas con largas trenzas, refajos de colores y calzadas con zuecos, hilan en el huso y tejen en el telar blanca lana de sus rebaños. Parlan con añejos decires, y sus cantos sonoros, cantos de ruadas, encuentran ecos milenarios en esta tierra de Señoríos, donde viejas casonas, viejos linajes, pergaminos viejos y escudos, pregonan las góticas fábulas de América Galaica.

"Y los nombres de las parroquias de Salnés son tan agradables al oído como a los ojos sus praderías. Nombres bellísimos llenos de eufonía: Aralde, San Miguel de Deiro, Santa María de Godos, Armenteira, Rua Nova, Caleiro, Villajuán... Nombres que fueron los primeros que escuchó Valle-Inclán y le hicieron más tarde buscar en todos los vocablos estas mismas sonoridades.

"Ciegos con lazarillos, cargados de alforjas y seguidos de un can, recorren este valle cuajado de leyendas. Las gentes tienen una fe ingenua. Se santiguan ante los cruceros. Son sencillas, temen el mal de ojo y afirman agüeros y hechicerías. Por las noches de invierno, junto a las lareiras, mientras entra el

182

viento por la chimenea, viejos y rapaces rinden comento temeroso a las brujas y almas en pena.

"En este valle de Salnés y ante este mar de la Arosa, en este ambiente de misterio y leyenda, pasa Valle-Inclán la niñez. Sus ojos se abren a la luz entre brumas y lluvias, y lo primero que oye son historias de trasgos y aparecidos..." (Carlos Luis del Valle-Inclán).

Este ambiente natural e intrahistórico sirve de escenario a *Flor de Santidad* (Historia milenaria)[1] publicada en 1904, y que podría considerarse la mejor prosa poética de la primera época del autor. Aquí, con percepción artística Valle-Inclán maneja armoniosamente los diferentes elementos ecológicos. Lo que Taine expone en sus teorías sobre el arte, él lo pone en práctica con elegancia instintiva. Sin embargo, no debemos olvidar que el autor gallego tiene un amplio conocimiento sobre arte y mantiene normas esotéricas para las formas literarias y su contenido.

En *Flor de Santidad*, Valle-Inclán dirige su arte puro a lo más profundo del alma y de la naturaleza gallega, tratando de revelar lo difuso y misterioso de su tierra y de su raza. Pasa así del personaje individual al colectivo, mostrando en su esencia regional lo que tiene de ingenuo y fatalista, de sencillo y arcaico, de supersticioso y misterioso, al mismo tiempo que refleja su simpatía humana en la piedad, en el amor y en su resistencia estoica a las penurias de la vida. Así, en una masa

---

[1] Para los trabajos de Valle-Inclán utilizaremos las *Obras Escogidas*, publicadas por Aguilar, quinta edición, primera reimpresión, 1974, y las referencias a sus páginas se darán directamente señalando el tomo y el número correspondiente.

comunal, este personaje colectivo y anónimo ofrece una visión intrahistórica, épica y dramática del pueblo gallego. Se puede decir que en esta obra ya tenemos el germen de los trabajos futuros del autor que tomarán el camino de los episodios nacionales y las tragedias humanas.

"PRIMERA ESTANCIA"

Si bien se ha señalado en la crítica que Valle-Inclán se apropió de material de otros autores para algunas de sus obras, Julio Casares en su *Crítica profana*, Imprenta Colonial, Madrid, 1916, considera que es en los escritos sobre Galicia en donde el autor revela su verdadera e íntima personalidad.

Dentro de la misma vena de pensamiento, Azorín en *El paisaje de España visto por los españoles* cree que la mayor originalidad de Valle-Inclán consiste en haber captado para la literatura la sensación de tristeza y tragedia que parece emanar de la tierra gallega: "Y la originalidad, la honda, la fuerte originalidad de Valle Inclán consiste en haber traído al arte esta sensación de la Galicia triste y trágica, este algo que vive y no se ve, esta difusa aprensión por la muerte, este siniestro presentir de la tragedia que se avecina, esta vaguedad, este misterio de los palacios centenarios y de las abruptas soledades.

¡Teño medo d' unha cousa
que vive e que non se ve!

185

Toda la obra de Valle-Inclán está ya condensada en esta frase de Rosalía. Non se ve... No se ve el dolor que nos cerca; no se ve el drama que está suspenso en el aire; no se ve la muerte, la escondida e inexorable muerte, que nos anuncia el peregrino que llega a nuestra puerta, como en el siglo XIII, o el can que aúlla lastimeramente en la noche." (Azorín, *Obras Completas,* tomo III, p. 1168).

Pero esta percección también se podría explicar desde un punto de vista general por el descubrimiento que el hombre ha hecho de sí mismo frente a la Naturaleza desde el siglo XIX, y que gracias a los adelantos y las facilidades que proporcionan las ciencias y las industrias el individuo se ha sentido dueño de sí y más consciente de su yo frente al medio ambiente. Se introduce entonces en el arte la naturaleza y el medio ambiente general no como accesorios, sino como partes vivas e integrantes de un todo, en donde el hombre y su ambiente, y la Naturaleza en general, armonizan artísticamente.

Valle-Inclán hace esto en *Flor de Santidad* (1904), cuyo anticipo en forma de cuento aparece ya en *Revista Nueva,* bajo el título de *Adega,* con cinco años de prioridad.

Pero no podemos llamar cuento a esta obra, como bien lo dice Ramón Gómez de la Serna: *"Flor de Santidad* —que no es breve ni larga y que es una villanía llamar cuento— es una obra maestra, suficiente para acreditarle como esos Cristos de marfil que inmortalizan a un gran maestro[1]."

Antonio Machado la llama leyenda, y son sus versos los que

---

[1] *Don Ramón María del Valle Inclán,* Madrid, España-Calpe, Col. Austral, 3ra. ed., p. 60.

mejor presentan la síntesis de esta novela "cándida y perversa:"

> "Esta leyenda en sabio romance campesino,
> ni arcaico ni moderno, por Valle-Inclán escrita,
> revela en los halagos de un viento vespertino
> la santa flor de alma que nunca se marchita.
>
> Es la leyenda campo y campo. Un peregrino
> que vuelve solitario de la sagrada tierra
> donde Jesús morara, camina sin camino,
> entre los agrios montes de la galaica sierra.
>
> Hilando silenciosa, la rueca a la cintura,
> Adega, en cuyos ojos la llama azul fulgara
> de la piedad humilde, en el romero ha visto,
>
> al declinar la tarde, la pálida figura,
> la frente gloriosa de luz y la amargura
> de amor que tuvo un día el Salvador Dom. Cristo." (. I, p. 349)

Sin embargo, más que leyenda, historia o novela, es un poema en prosa, que el autor divide en cinco estancias, que parecen cinco actos teatrales. Las divisiones de las estancias en cinco capítulos, con armoniosa excepción del tercero en seis, son como escenas cuyas partes descriptivas parecen acotaciones escénicas. Y podemos agregar a esto la magnífica orquestación de lo acústico y de lo plástico, de lo temporal y lo espacial.

Desde el primer capítulo de la primera estancia, hay una nota pictórica y emocional que produce un efecto estético ·determinado. Así, en la figura del peregrino que se dirige a la venta, el autor pone las reminiscencias míticas, religiosas e históricas que se encuentran en el fondo del pueblo gallego, y que despiertan emociones ancestrales de devoción y piedad en las almas sencillas e ingenuas.

Pero desde el punto de vista del lector, tenemos un amalgamiento de emociones producidas por una prosa que nos sugiere el recuerdo de las clásicas pinturas españolas de anacoretas y penitentes, y los fondos ascéticos y sombríos de los cuadros religiosos y de la literatura romántica.

Y sin embargo el peregrino es una realidad ordinaria de esa región gallega, como el anochecer diario, la austeridad del invierno, la lluvia frecuente y la figura del Cristo sangrante en las iglesias.

Valle-Inclán utiliza la Naturaleza, la estación del año, el clima, los colores del momento, los sonidos ambientales y la figura evocadora pero real del peregrino para producir un efecto místico. Y lo consigue por la orquestación armónica de lo físico con lo espiritual, y del paisaje de fondo con la figura del peregrino que se dirige hacia la venta.

De esa manera, la Naturaleza parece identificarse con el personaje real y mítico, y hombre y paisaje forman una unidad que produce la emoción deseada por el autor. Casi se podría decir que el lector se siente como el espectador de una película en donde ningún efecto visual y auditivo se ha pasado por alto.

Mientras el tono de este primer capítulo es más bien sombrío y tormentoso, el siguiente contrasta por su claridad como un cuadro del impresionista francés Claude Monet. El ambiente pastoral de leyenda es el más apropiado para presentar la in-

188

genuidad de Adega, su candoroso misticismo y los sentimientos piadosos que pondrá en efecto.

La descripción de Adega es también mítica, sugerente de una "zagala de las leyendas piadosas," pero también está presente en la narración la realidad ambiental e intrahistórica, que se perpetúa con la verdad física del lugar, el habla tradicional del pueblo y sus costumbres milenarias. Se puede decir que hay un cierto primitivismo en esta obra que ha sido recogido del pueblo. En el primer encuentro de Adega y el peregrino se puede ver la conciencia que tiene el autor de algunos de estos elementos intrahistóricos y ecológicos:

"...Tenía un hermoso nombre antiguo: Se llamaba Adega. Era muy devota, con devoción sombría, montañesa y arcaica. Llevaba en el justillo cruces y medallas, amuletos de azabache y faltriqueras de velludo que contenían brotes de olivo y hojas de misal. Movida por la presencia del peregrino se levantó del suelo, y echando el rebaño por delante, tomó a su vez camino de la venta, un sendero entre tojos trillado por los zuecos de los pastores. A muy poco juntóse con el medicante que se había detenido en la orilla del camino y dejaba caer bendiciones sobre el rebaño. La pastora y el peregrino se saludaban con cristiana humildad:

—¡Alabado sea Dios!

—¡Alabado sea, hermano!

El hombre clavó en Adega la mirada, y, al tiempo de volverla al suelo, preguntóle con la plañidera solemnidad de los pordioseros si por acaso servía en la venta. Ella, con harta prolijidad, pero sin alzar la cabeza, contestó que era la rapaza del ganado y que servía allí por el yantar y el vestido. No llevaba cuenta del tiempo, más cuidaba que en el mes de San Juan se remataban tres años. La voz de la sierva era

monótona y cantarina: Hablaba el romance arcaico, casi
visigodo, de la montaña. El peregrino parecía de luengas
tierras. Tras una pausa renovó el pregunteo:

—Paloma del Señor, querría saber si los venteros son gente
cristiana capaz de dar hospedaje a un triste pecador que va en
peregrinación a Santiago de Galicia.

Adega, sin aventurarse a una respuesta, torcía entre sus dedos
una punta del capotillo mariñán. Dio una voz al hato, y murmuró, levantando los ojos:

—¡Asús!... ¡Como cristianos, sonlo, sí, señor!..." (t. I, pp.
352-3)

Como vemos, Valle-Inclán usa el lenguaje primitivo, pero
noble y decantado por el tiempo, y observa la influencia de la
montaña en la voz de Adega.

Pero Valle-Inclán es un artista y selecciona los elementos que
le ayudan a producir un ambiente deseado. Así, en el tercer
capítulo de la primera estancia, da una mirada retrospectiva y
narra la muerte de los padres de Adega en aquel "malhadado
Año del Hambre." El recuerdo de su agonía queda tan impreso en la mente de la pobre niña de doce años, que por mucho tiempo no se le borra y toma el aspecto de horribles alucinaciones (t. I, p. 354). En cierto modo, estas experiencias,
junto a la devoción medrosa y la viva imaginación de Adega,
van preparando al lector a la aceptación de su candoroso misticismo.

Sin embargo, el tercer capítulo tiene interés, más que por otra
cosa, por la tonalidad épica que da a la masa de pordioseros,
peregrinos y aldeanos hambrientos que van en procesiones
por los caminos y villas pidiendo limosna, y rezando al Señor,

a Santiago y a Santa María en busca de piedad y caridad sobre la tierra (t. I, p. 355).

Adega, al quedar huérfana ese invierno, también se une a la pobre masa humana y pide limosna en las villas y caminos hasta que los venteros la recogieron. La trataban como a una esclava, pero ella era humilde y buena y aceptaba su triste suerte, que la gente le compadecía.

La vida dura y piadosa que viven estos aldeanos hace posible comprender la oscilación entre devoción y maldición que manifiestan. Así lo vemos en el cuarto capítulo, cuando le niegan al peregrino albergue en la venta y él los maldice con palabras terribles, utilizando siempre el nombre de Dios. Pero, por otra parte, Adega, compadecida y piadosa, le dice que vaya al establo.

Allí, en un ambiente de tibieza y voluptuosidad bíblica, el mendicante la toma por la cintura y Adega cae sobre el heno, mientras "Temblaba agradecida al verse cerca de aquel santo que la estrechaba con amor" (t. I, p. 357). Y en esa atmósfera reminiscente del establo donde nació Cristo, el peregrino abusa de la candidez de Adega.

La religiosidad de la muchachita y el oportunismo del mendicante para aprovecharse de la inocencia de ella crean una escena realista, dramática e irónica.

En el quinto y último capítulo de la primera estancia, ya Adega cree ingenuamente que es la depositaria de un milagro, al mismo tiempo que van aumentando sus visiones, ensueños o alucinaciones de santos, vírgenes, mártires, procesiones, repiques de campanas, etc. Se puede decir que todo lo que ella

191

había visto en las iglesias, procesiones, altares y estampas se había juntado a su tendencia mística para darle una dimensión mucho más intensa a su fervor religioso. Y mientras la gente candorosa cree lo que les cuenta Adega, el hijo del ventero, "que había andado por luengas tierras" y que había visto más mundo, se atreve a negar que hay milagro. Pero desde el punto de vista práctico, estas visiones o alucinaciones religiosas le daban a la pobre pastora la fortaleza necesaria para continuar el duro trabajo que sus amos le ordenaban.

"SEGUNDA ESTANCIA"

La devoción, el temor y la superstición predominan en la segunda estancia, y sus capítulos, sinfónicamente orquestados, tienen un plano subjetivo que se logra por medio de alusiones, evocaciones, impresiones románticas, comparaciones religiosas, armonía retórica e idealismo. Hay sin embargo un plano de realidad. El temor y el deseo de preservación mueve al aldeano a la superstición y finalmente al sacrificio atávico y mítico. Se diría que desde el punto de vista panorámico, las pasiones individuales se borran para dejar ver solamente una capa intrahistórica de misteriosas creencias populares y legendarias.

El primer capítulo comienza cuando parte el peregrino del establo donde pasó la noche con Adega.

En una escena reminiscente de una estampa religiosa, por su juego de luces y colores, Adega despierta y ve alejarse al peregrino. Casi al mismo tiempo una raposa salta la cancela del huerto y el mastín prorrumpe en ladridos. La sugerencia de la rapiña corre en ambos casos paralela como la acrimonía del ladrido del mastín lo es a los llamados de la ventera que "asomó por encima de la cerca su cabeza de bruja," para que Adega sacase las ovejas al monte.

Sin embargo, la nota discordante persiste con el descubrimiento de la muerte de la última oveja, que la ventera cree que le han hecho el mal de ojo, y que Adega asegura que es debido a la maldición del peregrino, "Nuestro Señor:"

"—Es la maldición del peregrino, señora ama. Aquel santo era Nuestro Señor. ¡Algún día se sabrá! Era Nuestro Señor que andaba pidiendo por las puertas para saber dónde había caridad." (t. I, p. 362)

Pero paralelamente continúa el plano beatífico, en donde el paisaje parece reflejar las concepciones o abstracciones sagradas inspiradas en las candorosas creencias de Adega. Y así, con una influencia recíproca, personaje y paisaje forman una armoniosa unidad:

"Parecía una iluminada llena de gracia saludadora. El sol naciente se levantaba sobre su cabeza como para un largo día de santidad. En la cima nevada de los montes temblaba el rosado vapor del alba como gloria seráfica. La campiña se despertaba bajo el oro y la púrpura del amanecer, que la vestía con una capa pluvial. La capa pluvial del gigantesco San Cristóbal, desprendida de sus hombros solemnes... Los aromas de las eras verdes esparcíanse en el aire como alabanza de una vida aldeana, remota y feliz. En el fondo de las praderas, el agua detenida en remansos esmaltaba flores de plata: Rosas y lises de la heráldica celestial, que sabe la leyenda de los Reyes Magos y los amores ideales de las santas princesas. En una lejanía de niebla y azul se perfilaban los cipreses de San Clodio Mártir rodeando el Santuario, oscuros y pensativos en el descendimiento angélico de aquel amanecer, con las cimas mustias ungidas en el ámbar dorado de la luz." (t. I, p. 362)

Y como en un contrapunto entre lo beatífico y lo supersticioso , la ventera como "loca rezadora" trataba de deshacer el mal de ojo con sus conjuros y brujerías.

Sin embargo, entre estos diferentes planos se puede ver que el autor está consciente de que es el ambiente, la naturaleza, el clima, la religión y la vida misma, lo que forma, acondiciona e impulsa la gente. Pero Valle-Inclán es un artista y nos presenta una visión estética del medio o atmósfera que invita este tipo de comportamiento.

En el segundo capítulo volvemos a los campos gallegos y a su gente. La ventera y Adega van en busca de un remedio contra la maldición que el peregrino había hecho al ganado. Y así, en camino al molino de Cela a ver al saludador, el autor presenta una visión panorámica de la tierra, de los caminos y de los tipos de gente que van por ellos, al mismo tiempo que nota la influencia del medio físico en la entonación de su hablar. Seres autóctonos son la vaquera que vende leche, los jinetes, las cuadrillas de vaqueros y chalanes con largas picas, los labradores, las diferentes mujeres, los aldeanos que esperan pasar el río. Y como un antiguo fauno "un ciego mendicante y ladino" que cuenta historias maliciosas a las aldeanas con "añejos decires de los jocundos arciprestes aficionados al vino y a las vaqueras y a rimar las coplas." (t. I, p. 365).

Campos, gente y lenguaje dejan una profunda impresión en el lector. Esta tierra siempre fresca y milenaria refleja su perpetuidad en sus tipos, en sus decires y en su carácter atávico.

El tercer capítulo es estructural y artísticamente el eje y el centro de la segunda estancia, y el que establece el procedimiento que va a culminar en el quinto y último capítulo de la misma.

Así, en un ambiente de égloga van las dos mujeres a ver al saludador para que remedie el mal de las ovejas. Aunque se enteran que el abate le tiene prohibido que haga conjuros, el regalo de una oveja de la ventera logra comprar su ensalmo. Y en una escena de tonalidad patriarcal y religiosa, el anciano les dice que esos animales tienen la "condenación de las aguas" y que únicamente se puede romper "con la primera luna, a las doce de la noche," llevando al ganado a beber en una fuente "que tenga un roble y esté en una encrucijada," y esa fuente está próxima a San Gundián, siguiendo por el Camino Viejo.

Lo notable aquí es el extraordinario poder misterioso de las creencias legendarias que viven a lo largo del tiempo y en cierto modo se sobreponen a todo lo individual.

El capítulo siguiente enfoca principalmente en el ambiente de la venta, la gente que la frecuenta, y en los sueños de Adega. Y produce de este modo la dimensión temporal y espacial de la espera por la primera luna que rompería el hechizo. Pero al mismo tiempo, el capítulo va de lo exterior a lo interior. Vemos a Adega en relación al tiempo y al espacio; sentada hilando a "la sombra de piedras célticas doradas por líquenes milenarios," que parece invitar el desarrollo de sentimientos místicos, como cuando pasa "sobre su rostro el aliento encendido de las santas apariciones" (t. I, p. 371).
Y al anochecer vagaba su imaginación esperando al peregrino que no volvía. Los únicos que iban a la venta eran hombres de mala catadura que le infundían miedo.

196

El autor presenta así en forma compacta toda una cantidad de seres, cuyas historias y actitudes misteriosas infunden temor a la muchacha. El espectáculo es aquí colorido y romántico, y bastante tenebroso: "Lañeros encorvados y sudorosos, que apuraban un vaso de vino y continuaban su ruta hacia la aldea, y mendigos que mostraban al descubierto una llaga sangrienta, y calderos negruzcos que cabalgaban en jacos de áspero pelaje y tenían en el blanco de los ojos una extraña ferocidad... Los pastores referían historias que ponían miedo en el alma de la niña. Eran historias de caminantes que se hospedaban una noche en la venta y desaparecían, y de iglesias asaltadas, y de muertos que amanecían en los caminos. Un viejo que guardaba tres cabras grandes y negras era quien mejor sabía aquellas historias..." (t. I, p. 371).

Adega deseaba escaparse de la venta, pero temía que la matasen. Su única esperanza era que el peregrino viniese a salvarla de ahí, y soñaba con él en el establo.

En esas visiones se le aparecía con nimbo de luceros, como en las estampas, y con un bordón de plata en donde apoyarse. Los detalles que completaban estos sueños o visiones eran conglomerado de generalidades que el pueblo candoroso asocia con los santos y su representación en los cuadros religiosos. Pero estas dulces y luminosas experiencias de Adega muchas veces se veían interrumpidas bruscamente por la noche por fuertes ladridos y el trotar de caballos.

La culminación de la segunda estancia llega en el quinto capítulo, con la noche de la primera luna. La escena que se produce, cuando la ventera manda a la pastora a sacar las ovejas, es un espectáculo de luz y sombra de extraordinario subjetivismo. La luz de la luna, el hachón de paja encendido en la

197

soledad de la noche, el silencio interrumpido por el campanilleo de las esquilas y la presencia del perro intranquilo y roncador parecen acentuar el misterio del sortilegio:

"Adega sacó las ovejas al campo. Era una noche de montaña clara y silenciosa, blanca por la luna. Las ovejas se juntaban en mitad del descampado, como destinadas a un sacrificio en aquellas piedras célticas que doraban líquenes milenarios. La vieja y la zagala bajaron por el sendero. El rebaño se apretaba con tímido balido, y el tremante campanilleo de las esquilas despertaba un eco en los montes lejanos, donde dormían los lobos. El perro caminaba al flanco, fiero y roncador, espeluznado el cuello en torno del ancho dogal guarnecido de hierros. La ventera llevaba encendido un hachón de paja, por que el fuego arredrase a los lobos. Las dos mujeres caminaban en silencio, sobrecogidas por la soledad de la noche y por el misterio de aquel maleficio que las llevaba a la fuente de San Gundián." (t. I, p. 373)

La acción, siempre en un claroscuro, está llena de emociones y de efectos acústicos. Es un capítulo compacto. Se podría decir que la tensión se mantiene hasta el final, cuando ya de vuelta de la fuente, la ventera llama al portalón y, entre ladridos de perro, se asoma su hijo al umbral con los brazos ensangrentados, en medio de un resplandor rojizo. Había matado a la cabra machorra. La escena es roja, tenebrosa, propia de una noche de brujas y de sacrificios atávicos.

En general se puede decir que hay una perfecta concordancia entre el ambiente y el hombre. Los paisajes están tratados aquí subjetivamente, pero ningún detalle objetivo se pasa por alto. Las costumbres, las creencias y los tipos se perpetúan en un ambiente milenario, permitiendo que un plano intrahistórico se haga notar a lo largo de sus capítulos.

"TERCERA ESTANCIA"

Desde el punto de vista de la protagonista, quizás esta estancia es una de las principales, puesto que la establece como poseedora del "mal cativo" para las gentes de la región.

El primer capítulo continúa el ambiente de égloga que parece circundar a Adega cuando tiene las ovejas de pastoreo y ella está sentada hilando en su rueca, con el mastín echado a sus pies. El escenario es aquí el del atrio de San Clodio. Así, mientras se encuentra bajo la sombra de unos viejos cipreses, se le acerca el siempre esperado peregrino, que Adega cree ser Jesucristo. Como en el encuentro inicial, el medicante está buscando hospedaje y le pide que le deje dormir esa noche en el establo. Adega, como en estado de gracia, le dice que vaya. Su actitud recuerda tiempos pasados: "Sobre su frente, batía, como una paloma de blancas alas, la oración ardiente de la vieja Cristiandad, cuando los peregrinos iban en los amaneceres cantando por los senderos florecidos de la montaña" (t. I, p. 375).

Por asociación de ideas, el peregrino parece comparar la falta de caridad de la gente del caserío con la generosidad de la pastora. Y con ademán profético maldice la tierra y sus habitantes. Sus palabras terribles predicen que morirán los rebaños y no quedará ninguna oveja, mientras la pobre Adega dice que la gente ya está castigada y arrepentida. Pero, lleno de maldades humanas, el peregrino insiste que no se arrepentirán y que son muchos los hijos del pecado: "La mujer yace con el rey de los infiernos, con el Gran Satanás, que toma la apariencia de un galán muy cumplido" (t. I, p. 376). El autor no da aquí más enfoque a la idea de que "la mujer yace con el rey de los infiernos," pero se verá más adelante que este pensamiento introducido por el peregrino se repetirá en las alucinaciones o visiones de Adega endemoniada.

El capítulo termina simbólicamente cuando la pastora ofrece al mendicante leche de la oveja que llaman "Hurtada".

La conversación sobre este nombre de Hurtada llena una buena parte del capítulo siguiente. Sin embargo, lo que llama la atención es que Adega toma agua de la fuente del atrio con un corcho que el peregrino "santificará," como si hubiese en este detalle un misterioso y simbólico intercambio. Poco después, el mendicante vuelve por el mismo camino. Adega arrea sus ovejas y antes de dirigirlas al camino las hace beber en la fuente. Solamente un cordero no se acerca. Está moribundo. Y Adega, pensando que se ven cumplidas las maldiciones del peregrino, llora cándidamente. Dios castiga en los rebaños los pecados de sus amos.

Como en la segunda estancia, es el tercer capítulo el que da el motivo y establece el procedimiento a seguir que va a culminar en el quinto, pero recordemos que la tercera estancia tiene seis capítulos.

Así, la muchacha cargando con el cordero va hacia la venta. Durante el trayecto trata de reunirse dificultosamente con otros pastores, mientras el paisaje toma una tonalidad mística: "Extendíase en el aire una palpitación de sombra azul, religiosa y mística, como las de esos pájaros celestiales que al morir el día vuelan sobre los montes, llevando en el pico la comida de los santos ermitaños." (t. I, p. 379).

Llena de miedo por la obscuridad que se acercaba, Adega llega finalmente a la venta con el cordero móribundo. Con el desconsuelo que era de esperar, la vieja trata de revivir al pobre animal junto al fuego. Pero es obvio que los exorcismos y el mágico y misterioso "círculo del Rey Salomón" que traza sobre la cabeza del cordero de nada sirven.

Pero en ese momento estaba en la venta un mozo montañés que había matado un lobo en el monte y estaba en camino para pedir los aguinaldos en la villa. El zagal, bajo la influencia del ambiente de misterio y brujas, cuenta la historia del embrujamiento del rebaño de un amo que tuvo y el remedio que le dio una saludadora:

"— Yo tuve un amo a quien le embrujaron todo un rebaño.

El hijo de la ventera, que estaba echado sobre un arcón en el fondo de la cocina, se incorporó lentamente:

— Y tu amo, ¿qué hizo?
— Pues verse con quien se lo tenía embrujado y darle una carga de trigo por que lo libertase. Mi amo no sabía quién fuese, pero una saludadora le dijo que cogiera la res más enferma y la echara viva en una fogata. Aquella alma que primero acudiese al oír los balidos, aquella era...

El hijo de la ventera irguióse más en el arcón:

— ¿Y acudió?

— Acudió.

— ¿Y tu amo dióle una carga de trigo?

— No lo pudo hacer por menos.

— ¡Malos demonios lo lleven!'' (t. I, p. 381).

Es significativo que este mozo montañés sea el que mate al lobo, que los aldeanos temen, y sea el que sugiera indirectamente el procedimiento para eliminar el maleficio. Su presencia y su historia parecen implicar simbólicamente el camino a seguir.

Con predominio de un realismo poético, en el cuarto capítulo se llevan a cabo los sacrificios contra las maldiciones del mendicante. Toda la acción ocurre en un plano claroscuro y con un juego de luces y sombras que se continúa artísticamente en los sueños de Adega. El primitivismo de los sacrificios, el temor y la muerte encuentran marco apropiado en una noche de luna.

Así, mientras Adega espera al peregrino que iba a dormir en el establo, como se lo había pedido, observa temerosa desde la entrada de ese lugar como la ventera y su hijo queman vivo al cordero más enfermo. Sacrificio que sabemos se hace bajo la influencia de la historia del mozo montañés que había matado al lobo.

202

Sin embargo hay una variación en la repetición de la historia, puesto que cuando aparece el peregrino por el camino, después de los últimos balidos del cordero sacrificado, el hijo de la ventera lo mata en lugar de darle "una carga de trigo" como lo había hecho el amo del muchacho. La muerte no es aquí explícita. El autor muestra un sueño premonitorio de Adega, cuando la ventera la manda a dormir después del sacrificio del cordero. La idea de la muerte del mendicante se refuerza cuando la pastora despierta súbitamente con el ruido del viento, que golpea la puerta del establo, y oye el diálogo entre la ventera y su hijo para que se escondiese la hoz.

El capítulo termina con un suspenso dramático, cuando Adega, asustada, se lanza corriendo por el campo en busca del peregrino, con el presentimiento de que algo terrible le ha pasado.

En el capítulo siguiente vamos gradualmente de la aurora al día, al mismo tiempo que se notan escenas reminiscentes de cuadros bíblicos y coloridas estampas religiosas.

Aquí, Adega, llorosa y abatida, encuentra el cuerpo del peregrino en un lugar parecido al de su sueño. Y al ver al muerto, cree ver al cadáver de Jesucristo, que ella llama "Dios Nuestro Señor," y lo besa con devoción. La desesperación de la pastora contrasta con los cantos de los pájaros. Finalmente sus gritos y sollozos atraen la atención de las aldeanas que le preguntan asustadas que le pasa. Pero la gran sorpresa ocurre cuando Adega les dice que el muerto era "Dios Nuestro Señor:"

"—¡Era Dios Nuestro Señor! Una noche vino a dormir conmigo en el establo. Tuvimos por cama un monte de heno.

Y levantaba el rostro transfigurado, con una llama de mística
lumbre en el fondo de los ojos, y las pestañas de oro guarne-
cidas de lágrimas. Las mujerucas volvían a santiguarse:

—¡Tú tienes el mal cativo, rapaza!

Y la rodeaban, apoyados los cántaros en las caderas, hablán-
dose en voz baja con un murmullo milagrero y trágico." (t. I,
p. 384)

La figura de Adega adquiere aquí una dimensión nueva, y comienza a ser considerada como endemoniada. Al mismo tiempo que ella toma una actitud profética ante la gente:

"—¡Cuidade! Ya veréis como los verdugos han de sufrir todos los trabajos de este mundo, y al cabo han de perecer
arrastrados por los caminos. ¡Y nacerán las ortigas cuando
ellos pasen!..." (t. I, p. 385)

Sin embargo, las mujeres después de oírla decían que el peregrino ya llevaba tiempo por los contornos.

La actitud profética de la pastora se acentúa en el sexto y último capítulo de la tercera estancia. Adega vaga por los campos
en un ambiente de ensueño, en donde pastores y caminantes
se reúnen para contar cuentos de ermitaños, santas apariciones, princesas y seres encantados. Historias que la pobre
muchacha cree verdaderas y que refuerzan su idea de que le
nacerá un hijo de "Dios Nuestro Señor:"

"—¡Todos los veréis, el lindo infante que me ha de nacer!...
Conoceréisle porque tendrá un sol en la frente. ¡Nacido será
de una pobre pastora y de Dios Nuestro Señor!" (t. I, p.
385)

204

Se puede decir que la vida pastoril de esa región más las creencias ingenuas de las gentes, su religión, sus cuentos antiguos y sus tradiciones legendarias invitan al tratamiento poético de la obra. Pero Valle-Inclán va al fondo de su verdad, a la raza misma, a la intrahistoria, a la naturaleza de la región y a su paisaje, y con realismo poético nos presenta capítulos de exquisita armonía literaria.

"CUARTA ESTANCIA"

Esta estancia se distingue de las anteriores por un tono de genuina caridad y esperanza humana. Y en armonía con esa representación, el autor nos vuelve a mostrar toda una galería de gente por caminos. Unos yendo a sus trabajos diarios y otros en dirección a la villa y a la feria de San Gundián; mientras los más pobres van en busca de ayuda y trabajo al mercado de sirvientes de la villa.

La acción se desarrolla en un amplio escenario, que va de la aurora a la noche y termina junto al fuego acogedor de la cocina del Pazo de Brandeso.

El primer capítulo comienza cuando Adega despierta al amanecer y se une a una vieja que va con su nieto al mercado de sirvientes. La abuela, que quería emplear al chico, le va dando a éste buenos consejos por el camino, que reflejan su interés por el carácter moral, espiritual y físico del niño. Esta preocupación se extiende también hacia Adega, a la que aconseja buscar un amo para que no vague por los campos.

Parece haber una armonía entre lo que le dice la anciana a la

pastora y el paisaje que las rodea. Todo el ambiente parece
imprégnarse con una nueva vida, con el renacimiento que toma la naturaleza al amanecer. Como en una sinfonía, el autor
coge este motivo de esperanza para una vida mejor y lo dise-
mina en la atmósfera del nuevo día:

"...La vieja murmura sentenciosa:

— Los amos no se topan andando por los caminos. Así
tópanse solamente moras en los zarzales.

Y sigue en silencio, con su nieto de la mano. Oyese distante
el ladrido de los perros y el canto de los gallos. Lentamente el
sol comienza a dorar la cumbre de los montes. Brilla el rocío
sobre la yerba, revolotean en torno de los árboles con tímido
aleteo los pájaros nuevos, ríen los arroyos, murmuran las arboledas, y aquel camino de verdes orillas, triste y desierto, se
despierta como viejo camino de sementeras y de vendimias.
Rebaños de ovejas suben por la falda del monte, y mujeres
cantando van por el molino con maíz y con centeno. Por
medio del sendero cabalga lentamente el Señor Arcipreste..."
(t. I, p. 389-390).

La aparición del Arcipreste por el camino, y sus recomendaciones para que Adega busque un amo, refuerzan el consejo
de la abuela.

Así, la pastora, con resignación y cierto temor, sueña espe-
ranzada con una vida mejor.

Y un mundo nuevo comienza a desarrollarse frente a Adega,
pero es un mundo real. El capítulo segundo centra su atención en la galería de gente que ve la pastora desfilar ante sus
ojos, en la villa, mientras descansa a la sombra de un antiguo
palacio. El cuadro que se ofrece es reminiscente de tiempos
pasados, aunque siempre presentes en el pueblo gallego:

"...También descansaban a la sombra viejas parlatanas vestidas con dengue y cofia como para una boda, y zagalas que nunca habían servido y ocultaban vergonzosas los pies descalzos bajo los refajos amarillos, y mozos bizarros de los que campan y aturujan en las romerías, y mozas que habían bajado de la montaña y suspiraban por su tierra, y rapaces humildes que llevaban los zuecos en la mano y la guedeja trasquilada sobre la frente como los siervos antiguos..." (t. I, p. 391).

Sin embargo, el centro de todo ese mundo parece ser el ciego "de la montera parda y los picarescos decires" que ya hemos visto. Está enterado de las plazas vacantes y sirve de corredor de empleos. Y con elocuencia y viveza parece ayudar a todos. Así, entre los que le piden ayuda está la abuela que desea emplear al nieto y buscar un amo para Adega.

Y mientras la pastora y el niño están esperando, ven pasar una enorme y pintoresca cantidad de gente frente a ellos: caballeros, labradores, molineros, trajinantes, clérigos, todos buscando criados. Unos deteniéndose e interrogando, otros formando grupos. Y de ese modo oímos sus diálogos y nos enteramos de sus historias y necesidades. Se puede decir que el autor nos da una visión casi épica del pueblo, que culmina con cierto dramatismo cuando llevan preso al hijo de la ventera.

La confirmación de los posibles empleos que el ciego consigue para el nieto de la anciana y para Adega ocurre en el tercer capítulo. Como en casos anteriores este capítulo es el decisivo en cuanto al destino que van a seguir los personajes.

El niño es empleado como lazarillo por un ciego, pero la con-

208

versación que mantiene este hombre con la abuela y su nieto nos transporta por asociación de ideas a épocas pasadas, reminiscentes del *Lazarillo de Tormes*. La triste vida peripatética del ciego y su guía pidiendo limosna vuelven a repetirse una vez más, como en un círculo eterno.

La anciana y el niño se separan estoicamente. Su comprensión de la dureza de la vida no les permite las ternezas y el despliegue de emociones que debilitarían el valor para la despedida.

Sin embargo, Adega ve a este ciego, que en realidad no tiene nada de divino, como a un "santo del Cielo, que anda por el mundo para saber dónde hay caridad y luego darle cuenta a Nuestro Señor." (t. I, p. 396). Pero el sentido común de la abuela prevalece sobre el candoroso pensamiento de la muchacha, y le dice que Dios no necesita experimentos para saber dónde se esconden las almas buenas.

Así, tomando caminos distintos en el crepúsculo, se alejan el ciego con su nuevo lazarillo, y la anciana y Adega se dirigen al pazo de Brandeso para acomodar a la joven.

El trayecto hasta el Pazo se desarrolla por entero en el cuarto capítulo, en donde es notable nuevamente la lógica y el realismo de la abuela en el diálogo que sostiene con Adega sobre unos supuestos tesoros escondidos. Lo que se perfila aquí es la enseñanza de los muchos años de la anciana y la testarudez que proviene de la ignorancia y juventud de Adega. La manera de ser de la abuela era hasta cierto punto de esperar, pero la insistencia de Adega en sus creencias muestra la inmadurez y la fuerza del mundo de fantasía que se había creado.

El autor hace una perfecta orquestación de los estados de ánimo de los personajes con los recursos escénicos disposibles. Así, la aparición del misterioso hombre que lee el libro de San Cidrián en busca de tesoros ocultos refuerza las creencias de Adega, y la ingenuidad de estas ideas encuentran armonía con el sonoro silencio del paisaje de la puesta del sol, como se puede ver en este pasaje: "Susurraron largamente los maizales, levantándose la brisa crepuscular removiendo las viejas hojas del infolio, y la luz del cirio se apagó ante los ojos de las dos mujeres. Habíase puesto el sol, y el viento de la tarde pasaba como una última alegría sobre los maizales verdes y rumorosos. El agua de los riegos corría en silencio por un cauce limoso, y era tan mansa, tan cristalina, tan humilde, que parecía tener alma como las criaturas del Señor. Aquellas viejas campanas de San Gundián y de San Clodio, de Santa Baya de Brandeso y de San Berísimo de Céltigos, dejaban oír sus voces en la paz de la tarde, y el canto del ruiseñor parecía responderlas desde muy lejos. Se levantaba sobre la copa oscura de un árbol, al salir la luna, ondulante, dominador y gentil como airón de plata en la cimera de un arcángel guerrero..." (t. I, p. 398).

Con la noche, el misterio se acentúa, la sombra del hombre encapuchado se acerca y se oyen sus extrañas fórmulas y conjuros, mientras el Pazo de Brandeso toma el perfil de su antigua nobleza dentro de la obscuridad. Nobleza protectora a la que se acogen para pasar la noche el encapuchado y las dos mujeres que le siguen "como sombras humildes."

El ambiente patriarcal de la cocina del Pazo que se presenta en el último capítulo de la cuarta estancia, es reminiscente de otras cocinas palaciegas regionales de las letras españolas. La caridad que se muestra y la generosa hospitalidad tienen aquí una estética representación literaria. Las diferentes escenas que presenta el autor son cuadros perfectos por su plasticidad y colorido. Cada personaje parece sacado de una galería de arte, como por ejemplo la joven que está sirviendo el caldo: "Una moza encendida como manzana sanjuanera, con el cabello de cobre luciente y la nuca más blanca que la leche, está en pie llenando los cuencos del caldo, arremangada hasta el codo la camisa de estopa. Con el rostro iluminado por la llama..." (t. I, p. 400). Junto a este efecto artístico se une el efecto estético de un lenguaje primitivo y noble, decantado, purificado por el tiempo, que da un sabor clásico a la obra, como se puede ver en el siguiente pasaje:

"Hay algo patriarcal en aquella lumbre de sarmientos que arde en el hogar, y en aquella cena de los criados, nacidos muchos de ellos bajo el techo del Pazo. La vieja y la zagala sostienen en ambas manos los cuencos humeantes, sin osar catarlos, mientras las interroga una dueña de cabellos blancos que llevó en brazos a la señora:

— ¿Quién os encaminó aquí?

— Electus.

— ¿El ciego?

— Sí, señora, el ciego. Díjonos que necesitaban una rapaza para el ganado y que tenía a su cargo buscarla...

:El criado de las vacas murmura:

— ¡Condenado Electus!

211

La dueña se encrespa de pronto:

— ¡Luego querrá que la señora le recompense por haberle traído una boca más!...

Otros criados repiten por lo bajo con cierto regocijo:

— ¡Cuántas mañas sabe!

— ¡Qué gran raposo!

— ¡Conoce el buen corazón de la señora!

La vieja, decidiéndose a catar el caldo, murmura, componedora y de buen talante:

— No se apure, mi ama. La rapaza servirá por los bocados.

Adega murmura tímidamente:

— Yo sabré ganarlo.

La dueña se yergue, sintiendo el orgullo de la casa, cristiana e hidalga:

— Oye, moza: aquí todos ganan su soldada, y todos reciben un vestido cada año.

Los criados, con las cabezas inclinadas, sorbiendo las berzas en las cucharas de boj, musitan alabanzas de aquel fuero generoso que viene desde el tiempo de los bisabuelos." (t. I, p. 401).

212

Se puede decir que hay una pureza racial en los personajes. Su lenguaje, comportamiento, carácter en general parecen venir de generaciones pasadas. El autor recoge en el pueblo la intrahistoria de su raza, y con su arte escénico hace revivir lo que tiene de eterno.

La nota de esperanza y cordialidad con que termina el último capítulo muestra una actitud positiva y humana en esa gente.

"QUINTA ESTANCIA"

Desde el punto de vista de la totalidad de la obra, la última estancia presenta un final grandioso, propio de un poema sinfónico. Así, tomando el tema de la cacería de lobos, que es tan importante en el campo, y el del "mal cativo" de Adega, que la abuela menciona en la cocina, Valle-Inclán establece en el primer capítulo un tono de misterio y superstición que se realza con el claroscuro que dan las llamas del hogar encendido. Significativamente el tema del lobo ya lo vimos en el tercer capítulo de la tercera estancia, en donde el mozo montañés cuenta la historia del embrujamiento del rebaño de su patrón y el rompimiento del hechizo. Aquí se adoptan los asuntos y la tonalidad de ese capítulo, cuya acción también se desarrolla junto al claroscuro que da el fuego.

La expectativa que se forma con la llegada de los cazadores de lobos en la cocina, corre pararela a la extirpación de los malos espíritus del cuerpo de Adega, que sugiere la dueña. En ambos casos se elimina un mal, ya que el lobo mata a los animales y el mal cativo destruye el bienestar espiritual y físico de las personas.

214

Como en el tercer capítulo, se da aquí una posible solución para el hechizo, y en este caso es llevar a Adega a Santa Baya de Cristamilde, cuyos milagros y prodigios son reconocidos en la región.

Hay sin lugar a dudas una magnífica orquestación de elementos artísticos, pero esta armonía técnica se extiende también a la concepción de la armonía natural entre la gente y su medio en el segundo capítulo. Aquí, en un ambiente claro, esplendoroso de luz, Adega, que ya fue admitida como criada en la servidumbre de la señora, cree que va a tener un hijo de "Dios Nuestro Señor." La manifestación del misticismo candoroso de Adega tiene por marco el jardín del Pazo. Pero el autor pone en relieve la escena principal de la fuente en donde Adega cree ver el milagro, introduciéndo al principio la visión de la señora desde la ventana, que escucha los cantos de las campesinas que espadaban el lino, mientras ella está hilando en su rueca de palo santo. La mayorazga campesina quería hacer una rica tela de lino. De esta manera, ya el autor establece la idea de una visión desde un plano superior y la relación de que la señora que está arriba desea hacer una tela y las muchachas, que están en un plano inferior, reflejan sus deseos. Establecidos estos conceptos, vemos una posición similar entre lo que cree y desea Adega, y la visión que se le aparece en la fuente. Puesto que ya sabemos que se cree depositaria de un milagro, como lo dice en el capítulo sexto de la tercera estancia: "—Todos lo veréis, el lindo infante que me ha de nacer!... Conoceréisle porque tendrá un sol en la frente. ¡Nacido será de una pobre pastora y de Dios Nuestro Señor!" (t. I, p. 385).

Así, Adega, ahora agradecida y feliz por la protección que le daban en ese noble palacio, parecía vivir en un constante ensueño. La caridad y bondad que se le ofrece más un ambiente de paz y belleza en la soledad del jardín la predisponen a la creencia del milagro, y al beber en la fuente, que refleja al sol, cree ver el rostro sonriente de un niño. En una mezcla de realidad y autosugestión piensa que era el presagio del hijo de "Dios Nuestro Señor" que le nacería.

Hay en esta escena una correspondencia perfecta entre ambiente y personaje:

"Sus ojos se alzaron al cielo como dos suspiros de luz. Aquella zagala de cándida garganta y cejas de oro volvía a vivir en perpetuo ensueño. Sentada en el jardín señorial bajo las sombras seculares, suspiraba viendo morir la tarde, breve tarde de luz llena de santidad y de fragancia. Sentía pasar sobre su rostro el aliento encendido del milagro, y el milagro acaeció. Al inclinarse para beber en la fuente, que corría escondida por el laberinto de arrayanes, las violetas de sus ojos vieron en el cristal del agua, donde temblaba el sol poniente, aparecerse el rostro de un niño que sonreía. Era aquella aparición un santo presagio. Adega sintió correr la leche por sus senos, y sintió la voz saludadora del que era hijo de Dios Nuestro Señor. Después sus ojos dejaron de ver. Desvanecida al pie de la fuente, sólo oyó un rumor de ángeles que volaban. Recobróse pasado mucho tiempo, y sentada sobre la yerba, haciendo memoria del cándido y celeste suceso, lloró sobrecogida y venturosa. Sentía que, en la soledad del jardín, su alma volaba como los pájaros que se perdían cantando en la altura." (t. I, p. 406).

Sin embargo, Valle-Inclán lleva esta armonía entre la gente y el ambiente a un plano temporal y moral más amplio, cuando considera la figura evocadora de la señora: "era una evocación de otra edad, de otro sentido familiar y cristiano, de otra relación con los cuidados del mundo" (t. I, p. 406). Y se amplía todavía más este concepto de armonía al juzgar la coordinación auditiva de las voces de las espadadoras en unidad con el rumor de las fuentes y de los árboles: "Las voces de las espadadoras se juntaban en una palpitación armónica con el rumor de las fuentes y de las arboledas. Era como una oración de todas las criaturas en la gran pauta del Universo" (t. I, p. 406). En este enfoque panteístico se puede ver que el autor tiene conciencia de una armonía universal y ecológica, pero no la formula directamente sino por medio de un esteticismo artístico.

El tercer capítulo continúa el procedimiento ya establecido por el autor en todas las estancias, y que es el de dar dirección definitiva a las acciones de los personajes. Así, Adega, como poseída por una locura, cuenta sus visiones a la servidumbre, con palabras ardientes y labios trémulos. No todos creen lo que les dice, pero un aire de superstición, de aspecto antropomorfo, parece diseminarse con el rumor del embrujamiento. Y la señora hace venir al Abad para ver si la muchacha está endemoniada. Este, convencido de que la joven está poseída por el Diablo, lee los exorcismos, pero esta lectura y el ambiente de misterio que siempre parece acompañar a estos ritos impresiona profundamente a la pastora, que poco más tarde se retira a dormir. Como era de esperar, en la obscuridad cree ver al Diablo que se le acerca y la manosea, y espantada comienza a gritar angustiada. Todo este griterío hace acudir a la dueña, que junto con Adega repite conjuros contra el Diablo hasta el amanecer, cuando con las luces del día se disipa la sombra del "Malo."

Pero el alboroto de Adega llega a oídos de la señora, que decide mandarla en romería a Santa Baya de Cristamilde, acompañada por la dueña y un criado.

El capítulo siguiente constituye el más grandioso de la obra, desde el punto de vista panorámico y sinfónico.

El espectacular escenario de la ermita, con la dantesca masa humana de dolores y miserias, se complementa con el paisaje igualmente dramático del mar, que guarda en su ritmo el misterio de la humanidad. La descripción del mar por la noche parece unificar a las endemoniadas y a la naturaleza bravía:

> "Al descender del monte, el camino se convierte en un vasto páramo de áspera y crujiente arena. El mar se estrella en las restingas, y de tiempo en tiempo, una ola gigante pasa sobre el lomo deforme de los peñascos que la resaca deja en seco. El mar vuelve a retirarse broando, y allá en el confín vuelve a erguirse negro y apocalíptico, crestado de vellones blancos. Guarda en su flujo el ritmo potente y misterioso del mundo. La caravana de mendigos descansa a lo largo del arenal. Las endemoniadas lanzan gritos estridentes al subir la loma donde está la ermita, y cuajan espuma sus bocas blasfemas. Los devotos aldeanos que las conducen tienen que arrastrarlas. Bajo el cielo anubarrado y sin luna graznan las gaviotas..." (t. I, p. 410).

Pero el mar actúa aquí como legendario purificador y fuente de vida. Tormentoso, encrespado, con olas negras bordeadas de espuma blanca, ofrece por la noche un marco grandioso que hace la escena de la purificación de las endemoniadas más dramática y teatral. Al mismo tiempo que los cuerpos desnudos, tiritantes, y las cabezas greñadas de estas mujeres contribuyen al juego de luz y sombra de un cuadro dantesco.

La ceremonia legendaria que se celebra allí tiene igualmente el simbolismo religioso de la entrada al cristianismo que viene con los antiguos ritos bautismales, o sea el comienzo de una nueva vida dentro de la religión. De esta manera el baño de las siete olas libra a las endemoniadas de los malos espíritus y de la cárcel del Infierno.

En general podemos decir que todo el cuarto capítulo es extraordinario por su fuerza y tiene la tonalidad de un poema sinfónico o la concepción de una ópera wagneriana.

Sin embargo, el último capítulo termina con una nota humana, juguetona e irónica. Con el "clarín de los gallos" que anuncia la aurora de un nuevo día, y las campanas que tocan al amanecer, se va presentando la verdad y la realidad del estado de Adega.

Así, en camino de vuelta al Pazo, mientras Adega camina absorta, y el criado juega con la voz del cuco y con la idea del engaño de sus cantos "proféticos," la dueña hace notar misteriosamente al criado que Adega está preñada:

"La dueña, viéndola absorta, murmuró en voz baja al oído del criado:

— ¿Tú reparaste?

El criado abrió los ojos sin comprender. La dueña puso todavía más misterio en su voz:

— ¿No has reparado cosa ninguna cuando sacamos del mar a la rapaza? La verdad, odiaría condenarme por una calumnia, mas paréceme que la rapaza está preñada..." (t. I, p. 412)

El día esplendoroso que se va desarrollando, más el canto de los gallos, el alegre toque de las campanas, el tono juguetón del criado con el desengaño del cuco, la verdad sobre el estado de Adega, todo parece armonizar para señalar el eterno renacimiento de la Naturaleza, que el hombre interpreta de acuerdo con sus creencias.

El autor considera que el constante renacer de la Naturaleza y la influencia del ambiente en el hombre son eternas verdades. Las interpretaciones que la gente da a su miedo por lo desconocido y al misterio de la vida la desvía de la realidad, y muestra su pequeñez frente a la Naturaleza. Sin embargo, estas creencias dentro de la vida sirven muchas veces como fuerza espiritual que permite una existencia más llevadera, y se podría decir que es la misma Naturaleza la que crea un ambiente propicio para el desarrollo de cierto comportamiento humano.

Valle-Inclán es un artista exquisito y sus concepciones sobre el hombre y su ambiente, y sobre la Naturaleza en general, no son expuestas directamente, sino por intermedio de su esteticismo literario.

BAROJA
CAMINO DE PERFECCION
(Pasión mística)

Es extraño cómo dos escritores tan diferentes como Pío Baroja y Nessi y Ramón María del Valle-Inclán lleguen a tener análogas concepciones sobre ecología y las integren estéticamente en su arte literario.

Pío Baroja conocía las ideas y obras de Hipólito Taine, pero no muestra admiración o simpatía por el crítico francés y sus trabajos. Piensa que Taine cree comprender todo y que, a veces, no comprende nada ("Egolatría," *Obras Completas*, vol. V, p. 184).[1] Y en general lo considera "un espíritu mediocre de profesor... Es un catedrático, un patriota, un "pion" de Universidad que toma sus notas con un espíritu de portera" ("La intuición y el estilo," *Obras Completas*, vol. VII, p. 1001). Quizás estos juicios se deban a que Baroja es médico y como tal tenga ideas que nacen de sus propios razonamientos basados en conocimientos científicos y en deducciones lógicas. Sin embargo, hay otro aspecto de su comprensión e interpretación de la influencia del ambiente en el hombre, que ya fue indicado por Azorín al recordar la primera impresión

[1] Pío Baroja, *Obras Completas*, Biblioteca Nueva, Madrid, 1946-1951.

que le produjo un cuento del escritor vasco, cuando todavía no lo conocía personalmente:

"Representaba ya, desde este instante, para mí, Pío Baroja todo un mundo de sensaciones que no me habían hecho vibrar nunca. El pasado literario que representaban mis lecturas, lecturas de clásico, no conectaban con esta literatura de Pío Baroja. La tradición era lo circunscrito, y esto era lo indeterminado: lo indeterminado con el misterio y con el profundo sentido de la vida que lo indeterminado impone. ¿Y es que el paisaje correspondería a la sensación literaria? No conocía yo el paisaje del Norte; imbuido de gris, gris en Levante, me era totalmente ignorado el verde, el verde del Norte; cobijado por un cielo blanco y alto, no tenía yo la sensación de los cielos cenicientos, bajos con una dulzura que sólo en el Norte se da. Y en un viaje, lento viaje, en el pescante de una diligencia, en una mañana de verano, cubierto el cielo, cielo gris, verde el campo, con verdura extendida por todo el panorama, fui absorbiendo ávidamente, ansiosamente, voluptuosamente, este medio físico que se me iba revelando. La tierra completa el arte: el arte de Pío Baroja. Lo indeterminado tenía ya una fuerza creadora enorme. Y lo indeterminado es, en suma, toda la obra de Pío Baroja." (Azorín, "Arte Baroja," *Obras Completas*, Aguilar, Madrid, 1963, vol. VIII, pp. 145-6).

Nosotros podríamos decir que la clave de esta "indeterminación" que Azorín ha notado, tiene su explicación más acertada en las *Memorias*, "Desde la última vuelta del camino," especialmente en la quinta parte, "La intuición y el estilo." Es aquí en donde Baroja expone directamente sus ideas sobre la esencialidad de las cosas y los hombres que logran captar los grandes escritores, y que no se encuentra en la Historia, puesto que ella no tiene exactitud alguna: "Su objetividad y su certeza son muy poco auténticas. La Historia, como la política, está sometida a los vientos que corren; en cambio, la literatura, al parecer siempre mucho más subjetiva y mucho

224

más apasionada, que parece mariposear sobre la vida, tiene una raíz en ésta más fuerte y más segura". (Baroja, "La intuición y el estilo," *Obras Completas,* vol. VII, p. 994. Así, reflexionando sobre el hombre en general, Baroja considera que éste es un enigma para los demás y para sí mismo, y que su sinceridad y franqueza es relativa. Pero al enfocar en nuestros tiempos modernos y sus adelantos nota una tendencia a la unidad, a la mezcla de razas y al internacionalismo.

Don Pío reconoce, como todos los de su generación literaria, la influencia del medio ambiente en los hombres, pero no cree que se pueda saber con completa exactitud cómo esta influencia obra. Piensa que por ahora se podría aceptar el determinismo científico y físico con más facilidad que el determinismo fisiológico y psicológico. Por sus conocimientos científicos, está convencido de que todo viene de algo, y que hay una interacción entre el medio ambiente y el individuo, y considera la importancia de la reacción del individuo sobre el medio que le circunda. En "La intuición y el estilo," *Obras Completas,* vol. VII, p. 1.000, expresa estas ideas con claridad:

"La influencia del medio ambiente es un postulado lógico e ineludible; tiene que obrar en todo. Lo que no se sabe siempre es cómo obra. Al generalizar en estas cuestiones, le gusta al teórico anticipar consecuencias, redondear sus teorías, darlas como definitivas, y muchas veces falla; pero no cabe duda de que el clima, la vegetación, la cultura, la política, las artes, la familia, las amistades, influyen de una manera decisiva en el hombre. Llegará seguramente una época en que esas influencias se estudien con seriedad y el resultado del estudio sirva individual y socialmente.

El determinismo científico y físico parece indudable; el determinismo fisiológico y psicológico, si existe, como tiene que existir, no es tan comprobable por ahora.

Respecto a que de nada no puede venir nada, ex nihilo nihil, es un axioma que está en el espíritu de todos los hombres de ciencia. Todo viene de algo, y los tipos más originales toman de los anteriores conceptos fórmulas, anécdotas, lo que sea. Esto, en literatura, lo han hecho Shkespeare, Cervantes y Dickens; antiguamente lo hicieron de una manera parecida Sófocles, Eurípides, Aristófanes y Plauto. No puede haber nada absolutamente nuevo.

Una invención literaria tiene que proceder de una lectura, de una observación, de una interpretación. Generación espontánea no hay ni en la naturaleza ni en la inteligencia del hombre. Todo procede de algo. La célula, de la célula; el pensamiento, de otro pensamiento.

En la Biología actual parece que se sigue considerando el medio ambiente, el cosmos, como un conjunto de circunstancias que obra de una manera eficaz en el individuo; pero también se acepta la reacción del sujeto sobre el cosmos que le rodea.

A esta reacción del individuo se la considera hoy como de más importancia que antes."

Sin embargo, tenemos que observar que Baroja es un gran admirador de los pensamientos de Heráclito, y que en sus obras constantemente aparecen los conceptos del filósofo griego. Admira especialmente en él la genial intuición que presenta, y cree que los filósofos presocráticos son los "más claravidentes de la Humanidad. Con pocos datos percibieron claramente lo que otros necesitaron para llegar a lo mismo: una gran documentación."

Al meditar sobre esto, piensa que la intuición es la percepción de una verdad sin necesidad de métodos deductivos, es algo rápido, que pasa por alto los estudios. Considera, así, que seguramente existe en los hombres y en los animales una serie de conocimientos que son como una síntesis de otros. Y es justamente esto lo que notamos en Baroja y en sus obras, la síntesis de conocimiento que expresa por medio de su arte. El escritor vasco es un intuitivo, y el vocablo "indeterminado" que aplica Azorín a toda la obra de Baroja se podría explicar con lo intuitivo en sus cuentos y novelas.

En "La intuición y el estilo," el novelista discute la palabra "indeterminismo" y presenta el siguiente argumento que enlaza las ideas ya expuestas:

"Algunos han empleado la palabra 'indeterminismo,' como queriendo afirmar la existencia del libre albedrío.

Hay otros que hablan de indeterminismo en un sentido físico y matemático, lo cual es ya difícil de comprender. Como todas las ideas son humanas, cuando nosotros pensamos en un efecto, pensamos en una causa. No podemos salir de ahí. Al efecto A le podemos atribuir una causa B, y ésta puede no ser la verdadera; pero no podemos suponer un efecto sin una causa, y esto sería, creo yo, el indeterminismo." (Baroja, *Obras Completas*, vol. VII, p. 999)

Y como no podemos suponer una causa sin efecto, la expresión intuitiva sería lo "indeterminado" en Baroja.

I-X[1]

Quizás una de las obras que mejor expresa las ideas de Baroja sobre la Naturaleza sea su novela *Camino de perfección* (Pasión mística), 1902.[2] Desde el punto de vista ecológico esta obra muestra la influencia recíproca que hay entre la Naturaleza y el hombre. Generalmente los estudios sobre el autor hacen notar el tratamiento pictórico que hace de los paisajes, y no especialmente el efecto de la artificialidad y el progreso en el hombre y la necesidad instintiva de un ambiente más simple, más natural, para volver a sentirse en armonía con la Naturaleza.

Camino de perfección nos lleva progresivamente de la saturación que ha creado la civilización y la artificialidad de la Iglesia, captadas por un artista de extraordinaria emotividad e intuición, pero enfermo, con predisposiciones histéricas, hasta

[1] Para *Camino de perfección* de Pío Baroja, utilizaremos la edición de Las Americas Publishing Co., New York, y las referencias a sus páginas se darán directamente señalando el número correspondiente.
[2] Tenemos que notar que el libro está dividido en sesenta capítulos. Nuestra división en seis secciones es arbitraria y su único propósito es facilitar la referencia de los capítulos al lector.

llegar a su curación. Es decir, hasta que progresivamente obtiene una paz espiritual que viene con el contacto de la Naturaleza y del aire puro y limpio del monte, y terminando así con la comprensión intuitiva de la Naturaleza y de los ciclos de la vida y de la muerte.

La novela comienza con los recuerdos que el narrador tiene sobre Fernando Ossorio, antiguo compañero universitario. El carácter complejo, introspectivo y artístico de Ossorio se evidencia con las opiniones contradictorias que tienen de él sus compañeros de medicina, especialmente sobre su inteligencia y su talento. La melancolía y la intranquilidad de sus ojos naturalmente realza la incomprensión. Pero al narrador le atrae su interés y afición al arte, y sus rarezas le tienen intrigado. Dibujaba a los enfermos como figuras locas, grotescas y risibles, y coleccionaba los escapularios de los muertos en el hospital. Aunque estudiaba, la carrera de médico parecía no interesarle mucho.

En general podemos decir que el aspecto o los síntomas que el autor presenta de Ossorio, se pueden explicar con las ideas que ofrece en "La intuición y el estilo" de sus *Memorias*. En donde considera que cuando se desvía un hombre de talento de su especialidad antigua y entra en una zona de erudición parece que se convierte en "vulgar" (*Obras Completas*, vol. VII, p. 1009). Recordando la importancia que el autor da al medio ambiente, y su influencia en los hombres, los dibujos grotescos de Ossorio son como una interpretación de la situación patológica de los enfermos y un comentario artístico de la miseria y el dolor humano. A su vez, la colección de escapularios muestra su interés humano por las diferentes creencias de la gente, y hasta cierto punto es una observación muda sobre el fetichismo.

229

Pero el autor refuerza esta preocupación por el destino humano y religioso presentando una recolección de los años formativos de Ossorio. Su precocidad, la falta de cariño de sus padres, las contradicciones en su educación religiosa, especialmente las ideas inculcadas por el abuelo "volteriano," la presencia de la muerte por primera vez en su vida, el dolor debido a un secreto de su familia y la defectibilidad de su educación en general marcan su vida con la tristeza, la duda, y la incapacidad para la acción y la paz espiritual. Ossorio cree que "algún resorte se ha roto" en su existencia.

En el capítulo II del libro el autor nos vuelve a presentar a Ossorio, que ya había abandonado la carrera y se dedicaba a la pintura, en una Exposición de Bellas Artes. Este escenario da la oportunidad para tratar el reflejo del ambiente en el espíritu del hombre. Ossorio ya menciona en el capítulo anterior que "El arte es la misma Naturaleza. Dios murmura en la cascada y canta en el poeta. Los sentimientos refinados son tan reales como los toscos, pero aquéllos son menos torpes. Por eso hay que buscar algo agudo, algo finamente torturado." (p. 6)

El cuadro que Ossorio presenta en la exhibición muestra una relación entre el panorama industrial y la atmósfera de sufrimiento y tristeza que envuelve a las figuras de los jóvenes enlutados que ha pintado. Para nuestro pintor, el arte no es un conjunto de reglas, sino la vida misma: "el espíritu de las cosas reflejado en el espíritu del hombre" (p. 10). Y en los diálogos que mantiene con el narrador, nos muestra un extenso conocimiento del ambiente artístico español.

Ya fuera de la Exposición de Bellas Artes, la atmósfera de artificialidad de la vida social madrileña corre paralela con el

230

aspecto "civilizado" de la ciudad. Una tendencia a la rigidez parece estar asociada con los adelantos de la mecanización, mientras que por otro lado se puede advertir el abandono a los placeres que viene con la decadencia. En ambos casos falta la naturalidad al espectáculo de la vida.

Las diferentes descripciones que hace de la ciudad armonizan con la gente que la recorre. Se podría decir que en todo momento el medio ambiente, la gente, y sus actividades están formando una unidad armoniosa. Como cuando Ossorio se despide del narrador para seguir a una mujer vestida de negro, aquí se puede ver la proporción y correspondencia de las partes de un ambiente armoniosamente integrado:

"—... Perdóname, me marcho. Voy detrás de aquella mujer vestida de negro... ¿sabes? Ese entusiasmo es mi única esperanza.

Habíamos llegado a la plaza de la Cibeles; Ossorio se deslizó por entre la gente y se perdió.

La conversación me dejó pensativo. Veía la calle de Alcalá iluminada con sus focos eléctricos, que nadaban en una penumbra luminosa. En el cielo, enfrente, muy lejos, sobre una claridad cobriza del horizonte, se destacaba la silueta aguda de un campanario. Véianse por la ancha calle en cuesta correr y deslizarse los tranvías con sus brillantes reflectores y sus farolillos de color; trazaban zigzag las luces de los coches, que parecían los ojos llenos de guiños de pequeños y maliciosos monstruos; el cielo, de un azul negro, iba estrellándose. Volvía la gente a pie por las dos aceras, como un rebaño oscuro, apelotonándose, subiendo hacia el centro de la ciudad. Del jardín del Ministerio de la Guerra y de los árboles de Recoletos llegaba un perfume penetrante de las acacias en flor; un aroma de languideces y deseos.

Daba aquel anochecer la impresión de la fatiga, del aniquilamiento de un pueblo que se preparaba para los placeres de la noche, después de las perezas del día." (pp. 14-5)

Sin embargo, a lo largo de los diálogos y las narraciones, el sentimiento de abulia de Ossorio parece permear la atmósfera. Su voluntad para una vida sana y constructiva está paralizada.

Los capítulos que siguen enfocan principalmente en la vida muelle y decadente de las clases altas de Madrid. Nuestro protagonista se mueve en un medio en donde parece que la tarea principal de la gente es la diversión, la voluptuosidad y el espiarse unos a otros.

La kermesse que se celebra en el Jardín del Buen Retiro, es como el comienzo de una serie de cuadros que va desde la visión panorámica al aire libre de esta existencia hasta lo más obscuro de la psiquis de Fernando, y de su propio estudio. Tal es así, que la visión de su propia realidad le resulta insoportable y encuentra molesta hasta la luz que alumbra su cuarto. Parece que siente una correlación entre la suciedad que hay en su estudio y el ambiente malsano en que vive, más su propia intranquilidad; se puede decir que busca en la obscuridad la paz interior que no puede encontrar.

Pero el autor penetra todavía más profundamente en esa atmósfera decadente cuando utiliza la muerte de un hermano del abuelo de Ossorio, y la lectura de su testamento, para mostrar sus parientes y conocidos. La podredumbre o la corrupción de la sociedad que se presenta corre paralela a la del muerto. Tal es así, que el paseo que hace Fernando con sus primos es como la revista de una galería de tipos amorales o

232

inmorales, cuya sofisticación o aparente aristocracia esconde las llagas de su clase social.

Baroja termina el capítulo IV volviendo el enfoque al interior del caserón de la calle Sacramento, en donde sigue, paralela a los comentarios sobre la vida escandalosa de la amante del muerto, la podredumbre del cadáver. Pero hay que observar que esta correlación, integración o armonía que trata de establecer no es simplemente un elemento artístico del novelista. En realidad está creando una atmósfera de relaciones internas para elevar en forma progresiva esta consonancia del plano artístico al ideológico y ecológico.

Parte de la progresión que trata de establecer, la constituye el tratamiento que da al estado psicológico de Ossorio. El acercamiento que se establece entre éste y sus tías Luisa Fernanda y Laura, cuando va a vivir con ellas, más el descubrimiento del lesbianismo de la última y la atracción sexual que siente por ella, aumentan su estado neurótico.

Laura y Fernando son aquí dos personajes de temperamento diferente, pero se presentan como dos polos opuestos que se atraen y forman una unidad, que refleja la atmósfera de ese lugar. Sequedad y ardor de la tierra castellana. Las ideas ascéticas que tiene el protagonista se pueden ver al comienzo del capítulo VI, en donde se nota la influencia de la religión en su comportamiento:

"Por entonces ya Fernando comenzaba a tener ciertas ideas ascéticas.

Sentía desprecio por la gimnasia y el atletismo.

La limpieza le parecía bien, con tal de que no ocasionase cuidados. Tenía la idea del cristianismo de que el cuerpo es una porquería, en la que no hay que pensar.

Todas esas fricciones y flagelaciones de origen pagano le parecían repugnantes. Ver a un atleta en un circo le producía una repulsión invencible.

El ideal de su vida era un paisaje intelectual frío, limpio, puro, siempre cristalino, con una claridad blanca, sin un sol bestial; la mujer soñada era una mujer algo rígida, de nervios de acero; energía de domadora y con la menor cantidad de carne, de pecho, de grasa, de estúpida brutalidad y atontamiento sexuales." (p. 29)

El ardor y el erotismo insaciable de Laura producen en Fernando la sensación de ir por una "llanura castellana, seca, quemada," cuyo cielo parecía aplastarle y oprimirle. No se amaban, no había ternezas en sus relaciones.

Su estado de excitación constante más las ideas contradictorias que le fueron inculcadas en su niñez, parecen tomar ahora cuerpo en la iglesia, en donde besa a Laura frente a un altar, desafiendo la seriedad del lugar. Y más tarde, sin saber cómo, cree ver un Cristo momia sobre el papel de su cuarto. Sin embargo, hay que notar que en medio de su neurastenia Ossorio siente deseos instintivos de alejarse de ese ambiente malsano.

Quizás el capítulo VII sea el que mejor refleje artísticamente su estado de ánimo, próximo a la locura. Las descripciones que presenta son como un contrapunto a las sensaciones de Fernando. Así vemos, entre otras cosas, la riña entre dos mujeres de la calle, la miseria de la vida nocturna de Madrid, las reses que van al matadero, la visión del manicomio. Y finalmente al amanecer, el triste espectáculo de las casuchas de los basureros y de la gente pobre y sufrida que comienza su trajinar. Mientras que el eco de la religión se siente en las campanas, y en "alguna que otra vieja encogida, cubierta con mantilla verdosa," que se encamina hacia la iglesia "como deslizándose cerca de las paredes."

Podríamos decir que el pathos interior de Ossorio tiene su paralelo en el ambiente que le rodea. Pero no es un ambiente imaginario sino un reflejo de la realidad, artísticamente presentado, en donde se entreteje, junto con la impresión de los alrededores de Madrid, la aguda intranquilidad del protagonista.

La situación de Ossorio toma un nuevo cauce cuando un amigo le aconseja que salga de Madrid, que vaya a cualquier parte a pie por los caminos y que sufra toda clase de molestias, incomodidades y dolores. Decidido a irse, comienza así su "camino de perfección" físico y espiritual.

Se podría señalar que la descripción de su salida de la ciudad es como una reafirmación del sentimiento de decadencia que hay en ella. Todo se entrelaza, la pobreza de las casas que encuentra en las afueras, la tierra estéril, la vegetación raquítica y torcida. Cielo y tierra reflejan la desolación de la llanura castellana.

El sistema de Ossorio de descansar durante el día y caminar por la noche, le pone en contacto con una serie de sensaciones nuevas, primitivas, terribles muchas de ellas, pero que enriquecen su experiencia humana. Sobresalen especialmente el miedo a lo desconocido, el terror al ataque del toro, los sonidos de las esquilas y el graznido de las ranas. Tampoco falta

235

el efecto fantástico que le produce un castillo sobre una loma, a la luz de la luna.

La sensación de irrealidad y de primitivismo parece continuar hasta en la posada en que se detiene. Allí casi no hay nada, ni huevos, ni carne. Pero llama la atención la pretensión y la vanidad atávica del posadero dentro de la pobreza de su establecimiento. Su comportamiento nos trae reminiscencias literarias de la picaresca española, del "Lazarillo de Tormes" y de una época de decadencia.

XI-XX

Contrastando con el ambiente de pesadilla de esa noche, en donde el miedo, las bestias, la mezquindad de la posada y el aspecto brutal de sus hombres dejan en Ossorio una sensación desagradable, el amanecer se presenta claro y alegre. Es un renacer que anuncian los gallos, las golondrinas, el aire limpio y el olor de la tierra húmeda.

El castillo fantástico de la noche anterior ahora toma un nuevo aspecto, que lo relaciona con épocas pasadas, y proyecta así en el paisaje una impresión del pasado histórico de su patria. Pero esta proyección enlaza al mismo tiempo algo ya visto, como el toro, y cosas presentes, como el aspecto miserable de los pastores, mientras lo intrahistórico tiene su eco en la canción primitiva que toca un "zagal":

"El castillo, con la luz de la mañana, no era, ni mucho menos, lo que de noche había parecido a Fernando; lo que tenía era una buena posición: estaba colocado admirablemente, dominando el valle.

Sería en otros tiempos más bien lugar de recreo que otra cosa; los señores de la corte irían allí a lancear los toros, y en los bancos de piedra de las torres, próximos a las ventanas, contemplarían las señoras las hazañas de los castellanos.

Pronto Ossorio perdió de vista el castillejo y comenzó a bordear dehesas, en las cuales pastaban toros blancos y negros que le miraban atentamente. Algunos pastores famélicos, sucios, desgreñados, le contemplaban con la misma indiferencia que los toros. Un zagal tocaba en el caramillo una canción primitiva, que rompía el aire silencioso de la mañana." (p. 53)

Tenemos, pues, una integración artística, en esencia parecida a lo que hace Antonio Machado en *Campos de Castilla*, y no muy diferente a la de Valle-Inclán en *Flor de santidad*.

En la narración que sigue, el aspecto miserable, ruinoso y decadente de los pueblos se intensifica con la descripción de la iglesia de "paredes recubiertas de cal, llenas de roñas y desconchaduras, y de las mujeres arrodilladas, con mantillas negras echadas sobre la frente, caras duras, denegridas, tostadas por el sol, rezando con un ademán de ferviente misticismo..." (p. 53)

Pero debemos notar que en la pintura que hace del cura parece señalar que hay en esa gente una asociación con sus dirigentes. Así, la voz del cura que cantaba la misa parecía "un balido," y su aspecto físico era el de un "cabecilla carlista" (p. 54). Implicando que a este director espiritual le seguían los feligreses como un rebaño, y como un escuadrón los hombres que estaban "sentados en fila en un banco largo."

Y en otro cuadro presenta tipos clásicos, en donde parece reflejarse la dureza de la tierra castellana: "... Las caras terrosas; las miradas de través, hoscas y pérfidas..." (p. 54) Y como artista completa su escenario con un cielo negruzco, gris violado, y nubes obscuras que anuncian lluvia.

Dentro de este ambiente camina Fernando, cuya vida, sin rumbo aparente, parece semejarse a las blancas nubes que se esfuman en la Naturaleza, después de la tormenta.

Es obvio que los capítulos que vamos viendo son como pequeñas obras de arte por el efecto artístico y armonioso que presentan. Pero tanto Valle-Inclán como Baroja, cada uno de acuerdo con su temperamento y estética, integran, junto con el arte narrativo, la intrahistoria y la ecología.

Sin embargo, Baroja, al igual que Ganivet, tiene una tendencia casi aristocrática en lo referente al sufragio nacional, y piensa que la gentuza miserable, innoble y brutal no merece el privilegio del voto.

Se podría decir que el capítulo XII es en realidad una crítica contra el caciquismo y la brutalidad nacional. Así, Ossorio es provocado por un joven pendenciero, hijo de un hombre de gran influencia en el pueblo. La pelea, la falta de justicia y la persecución de que es objeto reflejan la anarquía que reinaba, en cuestiones de política, en algunas regiones españolas. Mientras que la escopeta, la guitarra y el cromo del Sagrado Corazón de Jesús, que Ossorio ve colgados en la pared del cuarto que le destinan en la posada, reflejan los símbolos de la brutalidad de esas tierras. Pero esto no deja de que encuentre también limosna cristiana, pobre, dura y dolorosa, aunque dulce para el menesteroso.

De esta manera, avanzando por el camino, llega Fernando a Rascafría, pueblo que ya le hace un efecto más placentero y amable por sus campos floridos, el río claro y cristalino y la tranquilidad del huerto del monasterio en donde se aloja.

El ambiente reposado y poético del cementerio del convento, propicio para la reflexión, da oportunidad a la presentación de ideas filosóficas. Algunos pensamientos, sin embargo, nos hacen recordar el simbolismo de las fuentes de Antonio Machado: "Era huerto tranquilo, reposado, venerable. Un patio con arrayanes y cipreses, en donde palpitaba un recogimiento solemne, un silencio sólo interrumpido por el murmullo de una fuente que cantaba invariable y monótona su eterna canción no comprendida." (p. 60)

Pero este misterioso murmullo de la fuente es como un antecedente poético-filosófico de las ideas científicas que expone al reflexionar ante la tumba del obispo de Segovia.

El autor ve en la putrefacción del cadáver el comienzo de la alegre liberación de los átomos de la materia, que se funden en el misterio infinito. Su tono es lírico, pero tiene también la solidez del estudio científico que aleja las supercherías eclesiásticas sobre la muerte:

"¡Qué hermoso poema el del cadáver del obispo en aquel campo tranquilo! Estaría allí abajo con su mitra y sus ornamentos y su báculo, arrullado por el murmullo de la fuente. Primero, cuando lo enterraran, empezaría a pudrirse poco a poco: hoy se le nublaría un ojo, y empezarían a nadar los gusanos por los jugos vítreos; luego el cerebro se le iría reblandeciendo, los humores correrían de una parte del cuerpo a otra y los gases harían reventar en llagas la piel: y en aquellas carnes podridas y deshechas correrían las larvas alegremente...

Un día comenzaría a filtrarse la lluvia y a llevar con ella sustancia orgánica, y al pasar por la tierra aquella sustancia, se limpiaría, se purificaría, nacerían junto a la tumba hierbas verdes, frescas, y el pus de las úlceras brillaría en las blancas corolas de las flores.

Otro día esas hierbas frescas, esas corolas blancas darían su sustancia al aire y se evaporaría ésta para depositarse en una nube...

¡Qué hermoso poema el del cadáver del obispo en el campo tranquilo! ¡Qué alegría la de los átomos al fundirse con júbilo en la nebulosa del infinito, en la senda del misterio donde todo se pierde!" (p. 62)

Como vemos, hay una fina ironía al hacer estas reflexiones ante la tumba de un obispo de la Iglesia. Pero, en general, podríamos decir que el capítulo XIII es una afirmación de los pensamientos científicos en contra del concepto eclesiástico de la vida y de la muerte.

En el capítulo siguiente el tema de la constante evolución de la materia y su ascensión y purificación es tratado nuevamente, pero en forma dialogada con un extranjero, Max Schulze de Nuremberg, que Fernando encuentra al día siguiente descansando sobre la hierba del camposanto. Ambos tienen ideas bastante similares, pero a lo largo de la conversación Ossorio le menciona el estado neurasténico en que se halla, y la preocupación constante que tiene con los problemas metafísicos. Las soluciones que le ofrece Schulze están sacadas de su propia experiencia. Cree que el mejor remedio es el ejercicio y se da él mismo como ejemplo: "Yo tuve una sobreexcitación nerviosa y me la curé andando mucho y leyendo a Nietzsche." (p. 64). En cambio para los problemas metafísicos, señala que por lo general los españoles los han resuelto negándolos, que "es la única manera de resolverlos."

Pero debemos notar que al hablar sobre Nietzsche, y estimarlo como uno de los hombres de conducta más irreprochable y ética, lo pone por encima de Buda y de Cristo, a los que considera como causantes de la decadencia de la Humanidad.

En realidad la figura de Schulze y sus conversaciones están inspiradas en Paul Schmitz, un amigo suizo de Baroja, que en 1901, en el monasterio de El Paular, le puso en contacto por primera vez con las ideas de Nietzsche. Gonzalo Sobejano en *Nietzsche en España*, Ed. Gredos, Madrid, 1967, le dedica una sección a este episodio en "El influjo de Nietzsche en la Generación de 1898."

En general podemos decir que en el capítulo XIV hay una correlación entre el ambiente y el tema que se trata. Esta relación se puede extender también al tiempo que transcurre en el capítulo, puesto que Ossorio conoce al alemán por la mañana y se van del cementerio al anochecer, cuando se habla de la decadencia de la Humanidad producida por Buda y Cristo. Otro elemento que está en armonía con el tema tratado es el enfoque de los sentidos, como se puede ver al final del capítulo:

"—Al oirle a usted se diría que es Buda o que es Cristo.

—¡Oh! No compare usted a Nietzsche con esos miserables que produjeron la decadencia de la Humanidad.

Fernando se incorporó para mirar al alemán, vio con asombro que hablaba en serio, y volvió a tenderse en el suelo.

Comenzó a anochecer; el viento silbaba dulcemente por entre los árboles. Un perfume acre, adusto, se desprendía de los arrayanes y de los cipreses; no piaban los pájaros, ni cacareaban los gallos... y seguía cantando la fuente, invariable y monótona, su eterna canción no comprendida..." (p. 64-5)

Sus paisajes, además de las frecuentes interpretaciones emocionales y referencias a los sentidos, que ya hemos visto, son notables por su relieve y movimiento, y los armoniosos toques de color, como se puede apreciar en este pasaje:

."Una ingente montaña, cubierta en su falda de retamares y jarales floridos, se levantaba frente a ellos; brotaba sola, separada de otras muchas, desde el fondo de una cóncava hondanada, y al subir y ascender enhiesta, las plantas iban escaseando en su superficie, y terminaba en su parte alta aquella mole de granito como muralla lisa o peñón tajado y desnudo, coronado en la cumbre por multitud de riscos de afiladas aristas, de preduscos rotos y de agujas degaldas como chapiteles de una catedral.

En lo hondo del valle, al pie de la montaña, veíanse por todas partes grandes piedras esparcidas y rotas, como si hubieran sido rajadas a martillazos; los titanes, constructores de aquel paredón ciclópeo, habían dejado abandonado en la tierra los bloques que no les sirvieron.

Sólo algunos pinos escalaban, bordeando torrenteras y barrancos, la cima de la montaña.

Por encima de ella, nubes algodonosas, de una blancura deslumbrante, pasaban con rapidez.

A Fernando le recordaba aquel paisaje algunos de los sugestivos e irreales paisajes de Patinir." (p. 70)

El cambio gradual que causa la luz del atardecer en el paisaje que se ve desde la montaña, a la que han subido Ossorio y el alemán, está brillantemente pintado con todo su esplendor y sensualidad: "Era una sinfonía voluptuosa de colores, de olores y de sonidos."

La progresiva transformación que sufre el ambiente del día a la noche, y finalmente la llegada del amanecer, parece reflejar simbólicamente el constante renacer del hombre. El frío mismo que experimenta Ossorio cuando el sol desaparece, y la necesidad de energía para poder mantenerse, parece marcar un paralelo entre el espectáculo cósmico que se desarrolla frente a sus ojos y su propia realidad. La subida a la montaña, junto con el alemán, es como un viaje a la revelación de la verdad.

Tenemos, pues, en los tres últimos capítulos: XIII, XIV y XV, tres diferentes aserciones del renacimiento de la energía por los medios naturales que ofrece la Creación.

Estimamos que las experiencias que tiene Ossorio en estos tres capítulos son fundamentales para el cambio que vendrá, puesto que se implanta ya la semilla de un renacimiento basado en lo natural, y que germinará en forma instintiva con el tiempo y el descanso.

Con el descenso de la montaña, Ossorio vuelve a la realidad de su patria. Separado del alemán, en Segovia encuentra las mismas costumbres antiguas y la vejez y decadencia que ya había visto en otros pueblos. Con amargura pinta el debilitamiento de la raza, que ya no guarda de su antigua energía más que lo superficial, el gesto y los ademanes. Mientras una tristeza enfermiza y una gran desolación parecen envolver todo el ambiente: hombres, cosas y paisaje, alguna que otra señal del pasado glorioso se nota en la región. Así, queda el símbolo de la antigua energía con el Alcázar, y los vestigios del espíritu guerrero se reflejan en las ruinas de los capiteles románicos. Sin embargo, el "cielo heroico" está allí, esperando el renacimiento de la antigua energía.

Quizá la síntesis del ambiente tenga su mejor ejemplo en los cantos del arriero: "canciones lánguidas, de muerte, de una tristeza enfermiza, o jotas brutales, sangrientas, repulsivas, como la hoja brillante de una navaja" (p. 78).

Podríamos decir que el capítulo XVI nos muestra lo poco que ha quedado de la antigua pujanza y vitalidad española.

Por su parte, el capítulo siguiente se concentra en una filosofía de la vida, que ofrece un personaje "cachazudo y sentencioso." Así, tratando de volver hacia Madrid, Ossorio arregla con un arriero, Nicolás Polentinos, su viaje de vuelta. Lo interesante, aquí, es la ideología profundamente humana que expresa este personaje, y que parece ser la condensación de la sabiduría que nace de su propia experiencia y la de su raza. Para Ossorio la vida e ideas de Polentinos eran como la esencia del espíritu castellano: "Fernando miraba con asombro a aquel rey Lear de la Mancha, que había repartido su fortuna entre sus hijas y había obtenido como resultado el olvido y el desdén de ellas. La palabra del ganadero le recordaba el espíritu ascético de los místicos y de los artistas castellanos; espíritu anárquico cristiano, lleno de soberbias y de humildades, de austeridad y de libertinaje de espíritu." (p. 82). Y así, mientras se van acercando a la conglomeración urbana, Ossorio y el arriero van reflexionando, como lo hicieron otros hombres de su raza, sobre la fugacidad y el vacío de las cosas terrenas, lo ilusorio de la vida, el concepto nivelador de la muerte y las paradojas humanas.

Los capítulos XIX y XX siguen la tendencia filosófica del capítulo XVIII. Ossorio, separado ya del arriero en Illescas, desea ir a Toledo. En el camino, el polvo y el calor hacen blanquear la visión del horizonte, mientras se siente una "solidificación del reposo" (p. 87).

El autor, como en una superposición, va presentando el tiempo pasado en el espacio por medio de asociaciones de ideas. Así, el "arriero, montado encima de una de las caballerías, se destacaba agrandado en el cielo rojizo del crepúsculo, como gigante de edad prehistórica que cabalgaba sobre un megaterio" (p. 87). Más adelante, ve el tiempo pasado en las posturas de los chicos: "... subidos sobre trillos arrastrados por caballejos, los chicos, derechos, sin caerse, gallardos como romanos en un carro guerrero..." (p. 88). Esta superposición del tiempo continúa en el capítulo siguiente, en donde junta el tiempo moderno al pasado en el mesón, a la entrada a Zocodover, que está "modernizado, con luz eléctrica." Pero llegamos a una completa "solidificación," en donde todo es igual al tiempo pasado, como la descripción que ofrece del patio del mesón: "En el patio se abrían varias puertas: las de las cuadras, la de la cocina, y otras; desde él subía la escalera para los pisos altos de la casa. Era el patio el centro de la posada; allí estaba la artesa para lavar la ropa, el aljibe con su pila para que bebiese el ganado; allí aparejaban los arrieros, los caballos y las mulas, y allí se hacía la tertulia en el verano, al anochecer." (p. 89)

Pero, coincidiendo con su llegada al mesón, una inflamación que Fernando tiene en los ojos le hace quedarse en cama, mientras sus pensamientos fluyen constantemente para terminar en la eterna pregunta de la humanidad sobre el sentido de la vida. Nosotros creemos que la sutil relación de tiempo, en

246

los capítulos XIX y XX, que hace superponer lo pasado a lo presente hasta poner ambos planos en un mismo nivel, presenta una situación análoga con la experiencia personal de Ossorio. Este también se detiene enfermo, y sus pensamientos comienzan a tomar un relieve más positivo, y empieza a "solidificar" o a dar forma más concreta a las vaguedades espirituales que le atormentaban. La idea de que "los acontecimientos no tienen más valor que aquel que se les quiere conceder" ya es una actitud menos negativa. Así, inconscientemente trata de encontrar las respuestas a sus preguntas:

"—¡Ay, qué vida ésta!

Y el cerebro, automáticamente, hacía el comentario.

—¿Qué es la vida? ¿Qué es vivir? ¿Moverse, ver, o el movimiento anímico que produce el sentir? Indudablemente, es esto: una huella en el alma, una estela en el espíritu, y entonces, ¿qué importa que las causas de esta huella, de esta estela, vengan del mundo de adentro o del mundo de afuera? Además, el mundo de afuera no existe; tiene la realidad que yo le quiero dar. Y, sin embargo, ¡qué vida más asquerosa!" (p. 91)

Vemos, pues, que la enfermedad le hace reposar, pensar y agudizar su sentido crítico de la vida, al mismo tiempo que comienza a aceptar la idea de la relatividad que ella parece tener.

XXI-XXX

Los capítulos siguientes (XXI-XXX) enfocan en la estada de
Ossorio en Toledo y en la comprensión que va teniendo del
mundo que le rodea. Pero esta comprensión toma más bien el
camino de lo instintivo que el del razonamiento directo. El
protagonista está expuesto a una serie de experiencias que son
como la acumulación de conocimientos que luego utiliza inconscientemente o instintivamente en sus decisiones, deseos o
acciones. Sin embargo, hay que notar que al mismo tiempo
entran en juego las ideas inculcadas en su educación y las del
medio social en que se desenvuelve.

Una vez mejorado de su enfermedad, Fernando va a vivir
en una casa cerca de la plaza de las Capuchinas. Y el capítulo
XXI muestra sus impresiones de los alrededores. Aquí asocia
con bastante frcuencia los colores y los tipos que va viendo
con las pinturas del Greco, Goya y Rubens. Parece que ni el
ambiente ni los colores ni los tipos de la antigüedad han
cambiado, pero tampoco ha cambiado el modo de ser básico
del núcleo de la familia. Quizá la enseñanza más grande que
tiene en ese período de tiempo es la sencillez y la piedad que
muestra Adela, una muchachita de aspecto monjil que le

sirve, y que es hija de la dueña de la pensión. Y también la comprensión del amor, mudo y primitivo, de la abuela que cuida al nieto.

De los otros pensionistas, Ossorio se entera que Toledo ya no era la ciudad mística que él creía, en realidad era un pueblo secularizado. La fe parecía que existía solamente en el aspecto artístico de ella, y no en la conciencia de la gente. La decadencia moral y espiritual estaba en todas partes: "Los caciques, dedicados al chanchullo; los comerciantes, al robo; los curas, la mayoría de ellos con sus barraganas, pasando la vida desde la iglesia al café, jugando al monte, lamentándose continuamente de su poco sueldo; la inmoralidad, reinando; la fe, ausente, y para apaciguar a Dios unos cuantos canónigos cantando a voz en grito en el coro, mientras hacían la digestión de la comida abundante, servida por una buena hembra." (p. 99)

Contrastando vivamente con esto, está el arte del Greco, que capta la dignidad y el fervor de una época pasada, como lo ve Ossorio en el cuadro "El enterramiento del conde de Orgaz," en el capítulo XXIII.

Sin embargo, muchas de las tradiciones quedan, las cosas se repiten automáticamente por costumbre, como la admisión limitada de "las hijas de Toledo" al Colegio de Doncellas Nobles. Pero no todo lo que ve Ossorio es decadente o desagradable, encuentra también placer conversando con Adela y su hermana Teresa, la colegiala. Entre bromas y risas ellas cuentan sus sueños y anhelos de jóvenes próximas a la edad casamentera.

No obstante, después de dos meses en Toledo, el estado de

Fernando no mejora, y las largas vibraciones de las campanas influyen profundamente en su ánimo. El dogma y las creencias "en el lenguaje vulgar y frío de los hombres" le molestaban. El hubiera preferido que la religión se manifestase en forma más poética, sensual y queda.

Consideraba que de esa manera la gente podría "comprender la divinidad" sin sentir las amenazas del dogma. Ossorio creía que no existía otro culto que el de los sentidos, y así se emocionaba y hasta lloraba con el esplendor de los altares, los murmullos del órgano, el perfume del incienso y el misterioso silencio de las iglesias solitarias.

El capítulo XXV presenta así un paralelo entre el sensualismo que siente Fernando frente a la religión grandiosa, y las creencias expresadas por el frío lenguaje de los hombres. En realidad las ideas sobre el infierno y el paraíso le hacían reir. Pero pensaba que la única posibilidad era amar, aunque no sabía qué. Y este misterio, junto con todo lo desconocido, oculto y subjetivo, le obsesionaba.

Baroja traslada los sentimientos y creencias de Fernando al ambiente que pinta de sus caminatas y visitas. Así, mientras los chicos juegan a las procesiones, Ossorio siente el misticismo que nace del paisaje de Toledo, y una serie de ideas melancólicas e indefinidas giran en su cerebro. Todo esto culmina con la visión mística de la ciudad, desde las afueras, y las impresiones del sepulcro del cardenal Tavera, y el retrato "de expresión terrible" que había hecho el Greco de este hombre. Se podría decir que la síntesis artística de las impresiones y emociones contradictorias de Ossorio se ven expuestas en la pintura de Toledo bajo el sol:

"Veíase la ciudad destacarse lentamente sobre la colina en el azul puro del cielo, con sus torres, sus campanarios, sus cúpulas, sus largos y blancos lienzos de pared de los conventos, llenos de celosías, sus tejados rojizos, todo calcinado, dorado por el sol de los siglos y de los siglos; parecía una ciudad de cristal en aquella atmósfera tan limpia y pura. Fernando soñaba y oía el campaneo de las iglesias que llamaban a misa.

El sol ascendía en el cielo; las ventanas de las casas parecían llenarse de llamas. Toledo se destacó en el cielo lleno de nubes incendiadas..., las colinas amarillearon y se doraron, las lápidas del antiguo camposanto lanzaron destellos al sol..." (pp. 107-8

Tratando de obtener una dirección espiritual, Ossorio compra los ejercicios de San Ignacio de Loyola, pero no encuentra en su lectura la fuerza intelectual que esperaba, sino un extraordinario deseo de apoderarse de la dicha ultraterrena. Reflexionando sobre esto, y su tendencia al misticismo, se pregunta si no es él también un espíritu religioso que no puede adaptarse a la vida. La necesidad de gran fe le parecía primordial para su bienestar. Sin embargo, la realidad del medio en que vive no favorece tales ansias religiosas.

En los capítulos XXVII y XXVIII vemos que la desilusión de sus sueños sobre Toledo se hace obvia. Si bien encontraba allí una gran riqueza de recuerdos y tradiciones, la gente que poblada el lugar era estúpida y dirigida por un gobernador "volteriano" y un cardenal "baudeleresco."

No obstante, deberíamos notar que ya aparece en el capítulo XXVIII el tema tétrico de la muerte cuando el gobernador y sus comensales van a ver el "Entierro del conde de Orgaz" por la noche, a la luz de las velas.

251

La atmósfera romántica y fantasmal que se crea con esta visita nocturna al famoso cuadro del Greco, se acrecienta en los dos capítulos siguientes, en donde Fernando desea enamorar a una monja y sigue con morbosidad el destino de un ataúd blanco. Estas tres vivencias románticas de Ossorio introducen el tema de vida y muerte como un encadenamiento de acciones y reacciones en el ciclo biológico, y como un artístico comentario sobre la supresión artificial de la vida fecunda en los claustros religiosos. Se podría decir que el capítulo XXX está lleno de simbolismo sobre la muerte en vida en el convento y la legendaria personificación de la muerte. El ataúd blanco es como un contrapunto a la reclusión de la monja, y el aceleramiento de Ossorio y de sus pensamientos y visiones constituye un preludio a la danza de la muerte que remata con la música de "Loin du Bal:"

"De pronto, el misterio y la sombra parecieron arrojarse sobre su alma, y un escalofrío recorrió su espalda y echó a correr hacia el pueblo. Se sentía loco, completamente loco; veía sombras por todas partes. Se detuvo. Debajo de un farol estaba viendo el fantasma de un gigante en la misma postura de las estatuas yacentes de los enterramientos de la Catedral, la espada ceñida a un lado y en la vaina, la visera alzada, las manos juntas sobre el pecho en actitud humilde y suplicante, como correspondía a un guerrero muerto y vencido en el campo de batalla. Desde aquel momento ya no supo lo que veía: las paredes de las casas se alargaban, se achicaban; en los portones entraban y salían sombras; el viento cantaba, gemía, cuchicheaba. Todas las locuras se habían desencadenado en las calles de Toledo. Dispuesto a luchar a brazo partido con aquella ola de sombras, de fantasmas, de cosas extrañas que iban a tragarle, a devorarle, se apoyó en un muro y esperó... A lo lejos oyó el rumor de un piano; salía de una de aquellas casas solariegas; prestó atención: tocaban Loin du Bal." (. 127)

Y así, volvemos a ver una vez más que Baroja no presenta solamente un comentario realista y científico sobre la vida y la muerte, sino también una sugerente experiencia artística de gran subjetivismo.

XXXI-XL

Los macabros pensamientos, que vimos en el capítulo anterior, producen en Ossorio un deseo de vivir casi animal. Es como una compensación o reacción instintiva contra las frustraciones o presiones provocadas por el ambiente en que vive.

En sus razonamientos para justificar sus deseos de seducir a Adela, Fernando considera que el instinto es más importante que la virtud o la moral, y aun las posibilidades de truncar la vida de la joven debían descartarse. Sin embargo, a último momento, cuando ya tiene en sus brazos a Adela, la conciencia inculcada por la sociedad y la religión se imponen y sale del cuarto de la muchacha sin consumar sus deseos. Ahora estaba claro en su pensamiento que él "no era sólo el animal que cumple una ley orgánica: era un espíritu, era una conciencia."

Así, reflexionando, por asociación de ideas, se acuerda, por primera vez después de muchos años, que sedujo en Yécora a una muchacha llamada Ascensión. Esto había ocurrido durante una época de vacaciones estudiantiles. Baroja asocia con el furor sexual del joven, el verano y la fertilidad del campo, logrando de esa manera una perfecta armonía entre el estado físico de Fernando, el ambiente y la época del año.

El capítulo siguente (XXXII) enfoca principalmente en el viaje de Ossorio a Yécora, al día siguiente del episodio con Adela. El trayecto en la diligencia que toma Fernando al apearse del tren, muestra la miseria material y espiritual del ambiente. La brutalidad del cochero, junto con el aspecto terrible del otro viajero de voz tiple, y el desafío para una carrera de diligencias por la noche ya son como un anuncio de la bestialidad del pueblo al que pertenecen. Como si Baroja nos preparara el ánimo para enfrentar a Yécora, nuestro héroe siente un instintivo desagrado por sus acompañantes, y el viaje nocturno se desarrolla en una atmósfera irritante y llena de incomodidades.

Quizás el capítulo XXXIII sea el que mejor sintetiza el aspecto áspero e incivilizado del pueblo. El autor observa que Yécora no es como las otras ciudades españolas en donde todavía hay vestigios de la antigua gloria española. No hay nada que denote el arte de épocas pasadas: "Allí todo es nuevo en las cosas, todo es viejo en las almas." Sus iglesias son frías, sin adornos, y los pocos que existen son de fabricación extranjera. No hay una sana alegría de vivir. La gente parece hostil a todo lo que sea elevación espiritual, artística y humana. Claro que la dureza del clima y de la tierra tampoco favorecen una vida agradable. Baroja parece culpar el atraso general del pueblo a los dirigentes de la religión y de la administración regional, y también a la educación embrutecedora que amparan las autoridades eclesiásticas:

"Se respira en la ciudad un ambiente hostil a todo lo que sea expansión, elevación de espíritu, simpatía humana. El arte ha

255

huído de Yécora, dejándolo en medio de sus campos que rodean montes desnudos, al pie de una roca calcinada por el sol, sufriendo las inclemencias de un cielo africano que vierte torrentes de luz sobre las cajas enjalbegadas, blancas, de un color agrio y doloroso, sobre sus calles rectas y monótonas y sus caminos polvorientos; le ha dejado en los brazos de una religión áspera, formalista, seca; entre las uñas de un mundo de pequeños caciques, de leguleyos, de prestamistas, de curas, gente de vicios sórdidos y de hipocresías miserables.

Los escolapios tienen allí un colegio y contribuyen con su educación a embrutecer lentamente el pueblo. La vida en Yécora es sombría, tétrica, repulsiva; no se siente la alegría de vivir; en cambio pesan sobre las almas las sordideces de la vida." (pp. 138-9)

Vemos, así, una situación compleja, en donde el ambiente natural inhóspito junto con la actitud negativa hacia la vida, creada por la religión, favorecen la vida sombría e hipócrita.

Ya en el pueblo, Ossorio se hospeda en la casa de su adminsitrador y busca noticias sobre la familia de Ascensión. Pensando constantemente en ella, divaga sobre las posibilidades que hubiese tenido de casarse con esa joven. Pero en sus razonamientos se da cuenta de la influencia que había tenido el ambiente atrasado y hostil en él, y cómo no habría podido sustraerse al ascendiente hipócrita y bestial del lugar: "Allí no se podían tener más que ideas mezquinas, bajas, ideas esencialmente católicas. Allí, de muchacho, le habían enseñado, al mismo tiempo que la doctrina, a considerar gracioso y listo al hombre que engaña, a despreciar a la mujer engañada y a reírse del marido burlado." (p. 141).

Fernando, en su busca de noticias sobre la muchacha, sube a las Cuevas, que estaban en la falda de un monte árido y seco.

256

La senda, cubierta por piedras puntiagudas, con paradas de pequeñas capillas con escenas de la Pasión, tiene obvias reminiscencias de la vía dolorosa de Cristo, que ahora recorre Ossorio. Así, después de enterarse en una de las Cuevas que una de las chicas de Tozenaque el Manejero, el padre de Ascensión, está casada y vive en el pueblo, Fernando asciende hasta la ermita de la cumbre. Desde esa altura, el panorama del pueblo y sus alrededores más una fila de colegiales que canta "una triste y dolorosa salmodia" parecen sugerir el paso de una humanidad triste y dolorosa sobre la tierra.

Fernando, al buscar a Ascensión, parece que desea explicarle su conducta desde el punto de vista biológico y ecológico, y hasta cierto punto llegar a una mutua comprensión. Pero ella lo echa desde el primer momento y se niega terminantemente a escucharle y a perdonarle. Por su diálogo sabemos que Ossorio la considera más feliz que él, aunque ella se siente amargada. Es evidente que Ascensión se guía aquí por su conciencia y por el despecho de mujer engañada. Sin embargo, debemos notar que aunque Fernando va diciendo al marcharse: "—Odiar tanto... Si fuera buena, me hubiera perdonado. ¡Qué inbécil es la vida!," es visible que ella tiene mucha más energía y voluntad que él para hacer frente a la vida. Mientras el uno razona la otra se deja llevar por la fuerza de la pasión hacia un objetivo determinado: la protección de la familia que ha formado.

Ossorio, bajo la creencia de que en Yécora podría encontrar alguna reacción para su voluntad debilitada, decide quedarse allí un tiempo. Esto da oportunidad al autor para volver a hacer una fuerte crítica social contra el pésimo calibre de gente que entra a la vida eclesiástica, y especialmente contra la educación inadecuada que inculcan los escolapios en el Colegio de Yécora. El narrador piensa que es justamente en los años formativos cuando se debe tener más cuidado con la educación, y culpa a los escolapios de crear el ambiente malsano que se respira en el pueblo: "...Era el Colegio, con su aspecto de gran cuartel, un lugar de tortura; era la prensa laminadora de cerebros, la que arrancaba los sentimientos levantados de los corazones, la que cogía los hombres jóvenes, ya debilitados por la herencia de una raza enfermiza y triste y los volvía a la vida convenientemente idiotizados, fanatizados, embrutecidos; los buenos, tímidos, cobardes, torpes; los malos hipócritas, embusteros, uniendo a la natural maldad la adquirida perfidia, y todos, buenos y malos sobrecogidos con la idea aplastante del pecado, que se cernía sobre ellos como una gran mariposa negra." (p. 150).

Como se puede ver, Baroja da una gran importancia al ambiente y a la repercusión que tiene en la vida del hombre y de la sociedad que se crea bajo su influencia. Y va confirmando constantemente la mutua influencia que hay entre el hombre y el medio en que vive.

En ese pueblo, Fernando se aburre y la distracción temporaria que le proporciona la compañía de zarzuelas madrileña que está allí es insignificante. Finalmente, frente al ofrecimiento que un amigo le hace para que vaya a Marisparza con él, Ossorio sale del pueblo. Y el cambio de ambiente le resulta beneficioso. Pero otra vez se verifica la importancia de la ecología en el hombre. Tanto en el capítulo XXXIX como en el siguiente se puede apreciar esto. Así, desde la ventana de la destartalada casa en Marisparza, Fernando nota que las canciones que cantan unos pobres hombres y mujeres que vuelven del trabajo con las azadas al hombro, reflejan inconscien-

258

temente la tristeza desoladora de su vida, con un paisaje de fondo igualmente adusto, desolador y nada bello.

Sin embargo, Fernando encuentra calor de familia en la casa del colono que estaba al lado. Allí en la cocina grande entabla conversación con el abuelo y la gente joven del hogar, y luego juega a la bola con dos muchachos de la casa. Con un cuarto y ventana que da al lado del campo más cultivado, con viñedos y olivares, Ossorio decide quedarse, mientras su amigo se marcha.

La vida sencilla, primitiva, del colono y su familia le encantaba, parecía encontrar algo sano en ese ambiente rústico. El abuelo le entretenía contando cuentos antiguos y hazañas legendarias. Se podría decir que la adaptación de Ossorio a la vida rutinaria, monótona, pardusca, del lugar comienza a producir un efecto de indiferencia hacia las ideas y sensaciones que antes le preocupaban:

> "Fernando siguió haciendo las mismas cosas, aquella vida monótona comenzó a dar a Osorio cierta indiferencia para sus ideas y sensaciones. Allí comprendía, como en ninguna parte, la religión católica en sus últimas fases jesuíticas, seca, adusta, fría, sin arte, sin corazón, sin entrañas; aquellos parajes, de una tristeza sorda, le recordaban a Fernando el libro de San Ignacio de Loyola que había leído en Toledo. En aquella tierra gris, los hombres no tenían color; eran su cara y sus vestidos parduscos, como el campo y las casas." (p. 158).

XLI-L

La vida al aire libre y el contacto con la tierra, con la Naturaleza, tranquiliza los nervios de Fernando, y va entrando en la realidad. El trabajo cerebral no le atrae y todo le parece más fácil de resolver. Esta actitud positiva, más la distracción que le proporciona un viejo guarda de caza, que había estado en Africa y le contaba historias de moros, hace que se vaya olvidando de todas sus preocupaciones. Tal es así, que él mismo se compara a las lagartijas que echan cola nueva y piensa que debía estar "echando cerebro nuevo."

En ocasión de Semana Santa, toda la gente de la alquería iba a Yécora, y Fernando también fue. Pero las procesiones que hacían le parecieron grotescas. Eran horribles mascaradas y el colmo de lo malsano por lo tétrico y lúgubre.

Como Ossorio estaba alojado en casa de su administrador, la familia de éste creyó que la influencia de un joven escolapio sería buena para catequizarle. Pero Osorio, que sentía que su alma se estaba restableciendo y que sus preocupaciones desaparecían, no quería discusiones. Sin embargo, el escolapio, que era profesor y tenía fama de talentudo, insistía en llevar la conversación al terreno que le convenía para analizar las creencias de Fernando. La confrontación finalmente ocurre, y el autor pone en labios de su héroe algunas de las ideas que ya hemos visto en los capítulos anteriores, como la creencia en una pelea filosófica y una serie de insultos contra el cura y la materia, y la muerte como manantial de vida.

La irritación de Ossorio contra el escolapio y sus provocaciones va creciendo hasta que culmina, en el capítulo XLIV, en una pelea filosófica, y una serie de insultos contra el cura y el administrador. Exasperado, abandona la casa esa noche y sale del pueblo hacia el monte, pero el odio que siente parece tomar proporciones ciclópeas, y siente hasta deseos de destruir a ese pueblo miserable. Comprende entonces que debía salir de Yécora y de su ambiente malsano lo más pronto posible. Y esa misma noche prepara una pequeña maleta y se va al casino. Allí encuentra a uno de los cómicos hambrientos de la compañía de zarzuelas, y juntos van a la estación para tomar el tren para Valencia.

Contrastando con la polémica que ya hemos mencionado entre Ossorio y el escolapio, el capítulo termina con una algarabía chabacana, cuando las tres cómicas de la compañía cantan, y una de ellas, Lolita, baila un tango lleno de posturas lúbricas en el pasillo del tren en marcha.

Reflexionando sobre el comportamiento sugestivo de esta muchacha, Fernando piensa que el hombre se desenmascara algunas veces, cuando sale de su miedo, y muestra sus inclinaciones, su manera de ser. Cree que el vagón de un tren "es una escuela de egoísmo." Y aprovechando que debían cambiar de tren para ir a Valencia, sale al andén y toma el primer tren que ve para escaparse de los cómicos.

Desde el capítulo XLVI al LVI inclusive el narrador es el mismo personaje. Nosotros creemos que Baroja pone estos capítulos en primera persona para poder expresar mejor el cambio de Fernando. Es como si Ossorio hubiera echado todas las capas que lo envolvían, y finalmente hubiese llegado a lo más verdadero, a lo más primitivo y real de su ser. Este renacer del personaje está también en relación directa con la época del año, el clima y el lugar; puesto que la acción ocurre en primavera, en una región de temperaturas más templadas y en medio de una naturaleza fértil, que despliega exuberantemente su flora y su fauna. Se podría decir que el capítulo XLVI es como una explosión natural de vida, de energía adormecida, de ansias de vivir, de colores y armonía universal. Y Ossorio renace como el resto de la Naturaleza. El también ha pasado por un período de recuperación, y con la primavera, con el sol vivificante, en medio de una Naturaleza esplendorosa, que se despliega bajo un cielo azul puro, siente finalmente que es parte de esa armonía universal. Y con tono lírico nos cuenta su alegría de vivir en ese ambiente de fertilidad, claro y definido, como nunca había visto:

"¡Oh, qué primavera! ¡Qué hermosa primavera! Nunca he sentido, como ahora, el despertar profundo de todas mis energías, el latido fuerte y poderoso de la sangre en las arterias. Como si en mi alma hubiese un río interior detenido por una presa, y, al romperse el obstáculo, corriera el agua alegremente, así mi espíritu, que ha roto el dique que la aprisionaba, dique de tristeza y de atonía, corre y se desliza cantando con júbilo su canción de gloria, su canción de vida; nota humilde, pero armónica en el gran coro de la Naturaleza Madre.

Por las mañanas me levanto temprano, y la cabeza al aire, los pies en el rocío, marcho al monte, en donde el viento llega aromatizado con el olor balsámico de los pinos.

Nunca, nunca ha sido para mis ojos el cielo tan azul, tan puro, tan sonriente, nunca he sentido en mi alma este desbordamiento de energía y de vida. Como la savia hincha las hojas de las piteras, llora en los troncos de las vides y las parras podadas, llena de florecillas azules los vallados de monte y parece emborracharse de sangre en las rojas corolas de los purinos geranios, así esa corriente de vida en mi alma hace reír y llorar y embriagarse en una atmósfera de esperanzas, de sueños y locuras." (pp. 178-9).

Reflexionando sobre tanta riqueza natural, no puede dejar de pensar en la cantidad de vida en germen que se oculta por las noches en la tierra. Entre científico y poético, Baroja y su prosa nos recuerdan a otro médico famoso: Santiago Ramón y Cajal.[1] El también como escritor admira y canta a la tierra y a la fuerza de la Naturaleza, con su humanismo y su conocimiento científico. Tanto el uno como el otro perciben y respetan esa energía oculta que da vida y empuje al Universo.

Pero hay algo más en este capítulo XLVI de *Camino de perfección,* que debemos notar, y es la conciencia que siempre tiene Baroja de la extraordinaria mortandad que corre paralela a la continua germinación y a la bárbara lucha por la vida. Así, Fernando piensa que si la muerte es depósito de vida, no debemos lamentar nada, lo principal es vivir, y cree que hay un reconocimiento atávico en las sensaciones que llegan con las cosas primitivas y rudimentarias.

En el capítulo siguiente observamos que aunque se siente sano de cuerpo y espíritu, y no tiene las preocupaciones que adormecían su voluntad, no puede dejar de analizarse. Así se

[1] Sobre Cajal véase Helene Tzitsikas, *Santiago Ramón y Cajal,* Ediciones de Andrea, Colección Studim - 53, México, 1965.

pregunta qué ha pasado en realidad, y si su nuevo equilibrio se debe a alguna idea sana que le ha penetrado en la cabeza, o si ha encontrado la paz inconscientemente en sus caminatas en la pureza del aire de la montaña.

Sin embargo, después de dos semanas de estar allí, contento de vivir, se entera que su tío Vicente está radicado en una provincia de Castellón y le escribe con el deseo de visitarle. Este era un médico que en su primer matrimonio se había casado con una prima de su padre, y ella murió al poco tiempo sin dejar hijos.

Con el cambio de lugar, Fernando se encuentra nuevamente en un ambiente luminoso y agradable. La impresión favorable que tiene del pueblo valenciano y de la casa en que vive la familia de su tío, le predisponen a una lírica salutación a una veleta, adornada con un grifo, que ve desde la ventana de su cuarto. Esta invocación al grifo es como una señal de expectativa sobre el futuro de Ossorio, pero también una ironía burlona al destino del hombre:

> "¡Yo te saludo, pobre grifo jovial y bondadoso —le he dicho—; yo sé que, a pesar de tu actitud fiera y rampante, no eres ni mucho menos un monstruo; sé que tu lengua bífida no tiene nada de venenosa como la de los hombres, y que no te sirve más que para marcar sucesivamente, y no con mucha exactitud, la dirección de los vientos! ¡Pobre grifo jovial y bondadoso, yo te saludo y reclamo tu protección! Al oírme invocarle así, el grifo ha cambiado de postura gracias a un golpe de viento, y le he visto con la cabeza en la mano, dudando..." (p. 182).

En este hogar valenciano, Ossorio, después de cierto mal entendido. logra ganarse la simpatía de toda la familia. Sola-

264

mente el tío le sigue teniendo cierta desconfianza que nace de la idea de que es madrileño y pariente de su primera mujer.

Pero en enfoque de la narración está en las relaciones entre Fernando y Dolores, la hija mayor del tío, que comienzan con un constante regañeo, en donde la irritación pasa a la burla juguetona, y finalmente a la atracción mutua. Por ese camino, la vida va tomando para Ossorio un aspecto agradable, sencillo, rutinario y natural.

LI-LX

La proximidad de Dolores, la espléndida primavera y el clima suave bajo un cielo azul puro predisponen a Fernando a enamorarse de la joven. El empuje final a su decisión de declararle su amor viene con una serie de circunstancias que tienen reminiscencias de otros romances literarios. La existencia de otro pretendiente y una pelea con él es uno de los ingredientes que entran en la composición. Las noticias sobre la vida madrileña y las tendencias místicas de Ossorio contribuyen también a que Dolores muestre celos de las otras mujeres que pasaron por la vida del protagonista. Podríamos agregar igualmente que si nos basamos en las relaciones que Fernando había tenido con Laura, Dolores también presenta cierto atractivo sexual conectado con una tenue ambivalencia, que parecen sugerir las inocentes colecciones de fotografías de hermosas bailarinas y actrices que ella guarda. Sin embargo, Ossorio ve en la joven algo maternal, que nos recuerda a las mujeres unamunianas. Se podría decir que Dolores tiene una solidez y seguridad en su carácter que complementa la debilidad e inestabilidad de Fernando.

Decidido a casarse con la muchacha, y a tener más energía, pide su mano al tío, que como sabemos no le tiene mucha simpatía. Pero los deseos de los novios triunfan sobre la desconfianza del padre de ella y se casan.

Instintivamente Ossorio reconoce en su mujer una fuente de vida, que es como una corriente de la Naturaleza que le vigoriza, y un sentimiento panteísta le hace partícipe de la armonía universal:

"Fernando sentía amplio y fuerte, como la corriente de un río caudaloso y sereno, el deseo de amor, de su espíritu y de su cuerpo.

"Algunas veces, la misma placidez y tranquilidad de su alma le inducía a analizarse, y al ocurrírsele que el origen de aquella corriente de su vida y amor se perdía en la inconsciencia, pensaba que él era como un surtidor de la Naturaleza que se reflejaba en sí mismo, y Dolores el gran río adonde afluía él. Sí; ella era el gran río de la Naturaleza, poderosa, fuerte; Fernando comprendía entonces, como no había comprendido nunca, la grandeza inmensa de la mujer, y al besar a Dolores, creía que era el mismo Dios el que se lo mandaba; el Dios incierto y doloroso, que hace nacer las semillas y remueve eternamente la materia con estremecimientos de vida.

Llegaba a sentir respeto por Dolores como ante un misterio sagrado; en su alma y en su cuerpo, en su seno y en sus brazos redondos, creía Fernando que había más ciencia de la vida que en todos los libros, y en el corazón cándido y sano de su mujer sentía latir los sentimientos grandes y vagos; Dios, la fe, el sacrificio, todo." (p. 201).

El narrador, buen conocedor de la psicología del hombre, nos dice que los esposos se entendían "quizá, porque no trataron nunca de entenderse." Ossorio se deja ahora llevar por la vida, y la disfruta como nunca lo había hecho antes. Sentía amor, ternura por todo, y la Naturaleza le retribuía con la bondad que viene de una tierra generosa y fecunda. Así, las fiestas del Collado, que antes no le agradaban, ahora le encantan, y siente la energía y la algarabía que viene de los sanos instintos de los participantes, y que le hacen olvidar sus antiguos misticismos y preocupaciones.

El tema de la vida natural, llena de energía, en contraposición con la iglesia, que trata de suprimirla, se puede ver en el Capítulo LIX, cuando los recién casados en su viaje de bodas llegan a Tarragona. El contraste que se forma entre el ambiente sombrío y triste del interior de la Catedral y la atmósfera llena de vida del exterior toma las proporciones de un contrapunto, en el que participan especialmente los sentidos. El siguiente fragmento quizá sintetice mejor el aspecto sinfónico que el narrador da a sus impresiones e ideas:

"Comenzaron a cruzar por el claustro algunos canónigos vestidos de rojo; sonaron las campanas en el aire. Se comenzó a oír la música del órgano, que llegaba blandamente, seguida del rumor de los rezos y de los cánticos. Cesaba el rumor de los rezos, cesaba el rumor de los cánticos, cesaba la música del órgano, y parecía que los pájaros piaban más fuerte y que los gallos cantaban a lo lejos con voz más chillona. Y al momento estos murmullos tornaban a ocultarse entre las voces de la sombría plegaria que los sacerdotes en el coro entonaban al Dios vengador.

Era un réplica que el huerto dirigía a la iglesia y una contestación terrible de la iglesia al huerto.

En el coro, los lamentos del órgano, los salmos de los sacerdotes, lanzaban un formidable anatema de execración y de odio contra la vida; en el huerto, la vida celebraba su plácido triunfo, su eterno triunfo..." (pp. 205-6)

Pero Baroja lleva artísticamente este contrapunto, que hemos visto en un plano general, al nivel personal de la vida de Osorio.

El último capítulo toma lugar dos años más tarde, y la estación del año, significativamente, es el otoño, cuando ya terminaron las cosechas y las vendimias. Y en una obvia armonía con la Naturaleza, Ossorio también tiene un hijo. Un niño sano, sonrosado y robusto, gracias a la fuerte constitución de Dolores. La escena final del libro nos muestra el eterno retorno de las influencias sociales en el hombre, y la vulnerabilidad de los deseos individuales frente a la tradición.

Así, mientras Fernando está haciendo planes para alejar de su hijo toda idea perturbadora y lúgubre que pueda venir de la religión, del arte o de la pedagogía, y va pensando en una vida sana y natural, sin misticismos, ni preocupaciones tétricas para el niño, su suegra está cosiendo en la faja que pondrá a su nieto "una hoja del Evangelio." Sugiriendo de esa manera la repetición de las mismas experiencias de Fernando.

Como vemos, Baroja presenta en *Camino de perfección* la influencia del ambiente en el hombre y en la sociedad. Pero sus ideas ecológicas no están basadas solamente en sus conocimientos científicos, sino también en la experiencia humana y en la fina percepción que tiene del hombre y su medio. Sin embargo, sus ideas señalan también la importancia del instinto en el hombre y el predominio que tiene en el destino humano.

A lo largo de la obra, Baroja se muestra un consumado artista. Su novela está integrada en una forma estética y armoniosa, con capítulos que son como pequeños cuadros en donde todos los detalles están coordinados de tal manera que producen el efecto de una perfecta joya literaria. Y sinceramente creemos que el arte narrativo de Pío Baroja necesita un enfoque crítico más profundo que el que hasta el momento se ha hecho.

En general podemos decir que la investigación de las obras barojianas sigue abierta para el interesado en descubrir la verdadera aportación que este miembro de la Generación de 1898 ha hecho a las letras españolas.

CONCLUSIONES

Al pasar revista a trabajos literarios tan diversos como *En torno al casticismo* de Unamuno, *Granada la bella* de Ganivet, *La ruta de Don Quijote* de Azorín, *Flor de santidad* de Valle-Inclán y *Camino de perfección* de Baroja, se hacen evidentes las preocupaciones humanistas de sus autores. En todos estos trabajos se refleja un extraordinario interés por el hombre español y su ambiente, sus instituciones y sus creencias, sus valores y sus ideales. Las reflexiones intelectuales y procedimientos artísticos que estos autores presentan en el filo de los siglos XIX y XX están al día en nuestro tiempo y lo estarán en el futuro inmediato.

Unamuno, Ganivet, Azorín, Valle-Inclán y Baroja son en realidad precursores de las corrientes del pensamiento contemporáneo. Cada uno de ellos, dentro de su manera peculiar de interpretar al hombre y su sociedad, más su ambiente, su circunstancia, sus instituciones, y finalmente la relatividad del hombre en el universo, nos están presentando la síntesis de las preocupaciones actuales en la revalorización de la visión de la vida y su finalidad.

Desde el punto de vista histórico, intelectual y artístico, la crisis española de 1898 obliga a este grupo de autores al análisis de su raza, de su tierra y de su arte. Así descubren los valores intrahistóricos del pueblo, sus tradiciones, su arte, su carácter, sus circunstancias y la esencia de su nacionalidad.

Las corrientes ideológicas extranjeras de esa época, tanto científicas como filosóficas, les ofrecen nuevos puntos de vista para su consideración del destino del hombre en el mundo, y se crea de ese modo una nueva sensibilidad que estos autores interpretan artísticamente. Sin embargo, su mismo interés humanista los lleva a la universalidad del hombre, y a la conciencia de la influencia recíproca que ejerce el hombre y su ambiente mostrando así una preocupación por la ecología. En algunos casos los influencias del positivismo son obvias, como *En torno al casticismo* de Unamuno. Por su parte, Azorín parece seguir ese mismo camino, pero el artista se impone en *La ruta de Don Quijote*, a pesar de la influencia de Hipólito Taine. Ganivet, más reflexivo, toma los conceptos deterministas y positivistas y los utiliza con un fin estético en *Granada la bella*. Sus ideas, sin embargo, tienen un alcance más profundo que el que se ha querido dar hasta el momento. Ganivet no es solamente el precursor de la Generación de 1898, es el precursor dèl momento presente y quizá del futuro por su ideología en muchos aspectos ecológicos, sociales, urbanos y políticos. No será extraño que con el tiempo vayamos descubriendo más y más su modernidad. Otro artista que instintivamente refleja un interés ecológico en la pintura de su patria chica es Valle-Inclán en *Flor de santidad*. Pero este autor, al igual que Azorín, es precursor de técnicas artísticas que todavía no han sido estudiadas con detenimiento, y que en el futuro se harán más visibles. Finalmente tenemos a Bároja, médico, humanista y literato, que en *Camino de perfec-*

ción nos presenta en forma reflexiva y con conocimiento científico la influencia del ambiente en el hombre y viceversa. Baroja también como pensador y artista sigue sin estudiarse en toda su totalidad.

En conclusión se podría decir que, si existe un grupo de escritores españoles que tiene una afinidad con nuestra época, por su preocupación humanista y ecológica es la Generación de 1898 y sus precursores.

INDICE

277